Ulrike Grützner und Jochen Klapper

WISO schnell und leicht

Wirtschafts- und Sozialkunde –
leicht verständliches Prüfungswissen
für die gewerbliche Berufsausbildung

9., aktualisierte Auflage

Verlag Handwerk und Technik – Hamburg

ISBN 978-3-582-78108-6 Best.-Nr. 1295

Verlag Handwerk und Technik GmbH,
Lademannbogen 135, 22339 Hamburg, Postfach 63 05 00, 22331 Hamburg – 2024
E-Mail: info@handwerk-technik.de – Internet: www.handwerk-technik.de

Herstellung: Hildegard Graf, 82110 Germering
Satz und Layout: Reemers Publishing Services GmbH, 47799 Krefeld
Umschlagmotiv: Fotolia Deutschland, Berlin, © fotolia.de, (adimas)
Druck: Himmer GmbH Druckerei & Verlag, 86167 Augsburg

Vorwort
Willst du es wissen?

Willst du wissen, welche Rechte und Pflichten du in der Berufsausbildung und in deinem späteren Arbeitsleben hast? Willst du auch wissen, für welche Versicherungen dir dein Geld vom (Brutto-) Lohn abgezogen wird? Willst du auch noch wissen, warum die Preise steigen oder fallen? Dann lies einfach nach in diesem „Tafelwerk". Es enthält dieses und anderes Grundwissen im Fach „Wirtschafts- und Sozialkunde".

Aber es ist anders als die anderen Lernhilfen zur Prüfungsvorbereitung:
- Du findest das Wissen, das du in deinem Alltag (unmittelbar) gebrauchen kannst und mit großer Wahrscheinlichkeit in der Prüfung von dir abgefragt wird; zudem ein Kapitel über das politische System in Deutschland – zwar nicht prüfungsrelevant, aber ein Klassiker der sozialkundlichen Allgemeinbildung.
- Themen, die erst seit kurzer Zeit zum Prüfungsstoff gehören, findest du im Kapitel 11 „Neue Prüfungsthemen in Kürze".
- Da dir dein Wissen nicht unbedingt zufliegt, du aber diese Prüfung bestehen möchtest, ist ein Thema auf wenigen Seiten dargestellt und möglichst einfach geschrieben.
- Diese „Tafeln" ergänzen deine Mitschriften und helfen zum Pauken für die WISO-Prüfung am Ende deiner Berufsausbildung; wenn du zeigen sollst, was du weißt.

Die Kapitel 1 bis 10 sind nach dem gleichen Prinzip aufgebaut: Am Anfang stehen wichtige Gesetze, die dem jeweiligen Thema zugrunde liegen, dann kommt das Grundwissen und am Ende stehen einige **Aufgaben**. Mit ihnen und dem Musterprüfungssatz (nebst Lösung) kannst du dein erlesenes Wissen selbst überprüfen.

WISO schnell und leicht wurde in dieser 9. Auflage in Bezug auf neue Rechtsprechung und Gesetzgebung, Daten, Schaubilder und Texte aktualisiert – und damit an die prüfungsrelevanten wirtschaftlichen Rahmenbedingungen von 2024 angepasst.

Herzlichen Dank sagen wir für die unterstützende Tätigkeit von U. Czarnofski, D. Mandl, U. Pohlmann, C. Ryschka und F. Urspruch.

Und nun viel Spaß beim Lernen!

Ulrike Grützner, Jochen Klapper

Berlin, Strausberg: Juli 2024

1 Bestimmungen zur Berufsausbildung

Berufsbildungsgesetz (BBiG) • Schulgesetze der Länder • Handwerksordnung (HwO) • Ausbildungsordnung

Es gibt zwei Arten der Berufsausbildung: entweder du gehst den ganzen Tag zur Schule (vollschulische Ausbildung) oder du gehst zwischendurch auch mal in einen Betrieb (duale Ausbildung). Hinweis: Manchmal wird diese betriebliche Ausbildung auch von einem überbetrieblichen Träger übernommen, dann befindest du dich im so genannten kooperativen Modell.

1.1 Lernen im dualen System

Die Berufsausbildung erfolgt im **dualen System**, d.h. an zwei verschiedenen Orten.

Der eine Ausbildungsort ist die **Berufsschule**, hier lernt man gezielt bestimmtes Wissen.

Der andere Ausbildungsort ist der **Betrieb**, hier lernt man praktische Fertigkeiten für seinen Beruf.

In der Schule erfolgt die theoretische Ausbildung und im Betrieb die praktische Ausbildung.

1.2 Die Ausbildungsordnung

Für jeden Beruf gibt es eine bundesweit gültige **Ausbildungsordnung**. Darin steht, was der Auszubildende zu lernen hat. Es gibt Vorschriften über die Ausbildungsdauer (in der Regel lernt man 2–3,5 Jahre), das Berufsbild (bestimmte Fähigkeiten, Fertigkeiten und Kenntnisse), den Ausbildungsrahmenplan (wann wird welches Wissen gelernt) bzw. die Prüfungsanforderungen.
An den Berufsschulen wird nach **Lehrplänen** der einzelnen Bundesländer unterrichtet; sie orientieren sich an bundesweit geltenden Rahmenlehrplänen. Lehrpläne und Ausbildungsordnungen sollten aufeinander abgestimmt sein.

1.3 Der Ausbildungsvertrag

Azubi bzw. der gesetzliche Vertreter und Ausbildender schließen für die Dauer der Berufsausbildung einen schriftlichen Vertrag ab. In diesem **Vertrag** werden Informationen zu verschiedenen Dingen gegeben:

- die Art, das Ziel und die Gliederung der Ausbildung,
- Beginn und Dauer der Berufsausbildung,
- Dauer der Probezeit,
- Gründe für eine Kündigung,
- Ausbildungsmaßnahmen außerhalb der Lernorte Schule und Betrieb,
- Dauer der täglichen Ausbildungszeit,
- Zahlung und Höhe der Vergütung (inkl. Vergütung bzw. Ausgleich von Überstunden),

- Dauer des Urlaubs,
- Gesetzestexte, die in der Berufsausbildung zu beachten sind.

Der Ausbildungsvertrag **endet** grundsätzlich mit **Vertragsende** (Datum): Bestehst du vor Ende des Vertrages deine Prüfung, dann endet mit **Bestehen der Prüfung** auch der Ausbildungsvertrag. Klappt die Prüfung beim ersten Mal noch nicht, dann verlängert sich der Ausbildungsvertrag bis zum nächsten Prüfungstermin. Du kannst die Prüfung aber nur zweimal wiederholen.
Der Ausbildungsvertrag kann auch vorzeitig beendet werden: entweder im gegenseitigen Einvernehmen mit einem Aufhebungsvertrag oder durch eine Kündigung.

Kündigungsfristen

In Probezeit (1-4 Monate)	Außerhalb der Probezeit	
Azubi / Ausbildender: **fristlos** ohne Nennung von konkreten Gründen	**Azubi:** muss schriftlich **Gründe** nennen, z.B.: Wechsel des Ausbildungsberufes, Abbruch der Ausbildung ■ Frist: 4 Wochen oder fristlos bei wichtigem Grund (z.B. Tätlichkeiten)	**Ausbildender:** nur mit wichtigem Grund, z.B.: nach tätlichen Angriffen, Diebstahl, Betrug, grober Beleidigung oder Arbeitsverweigerung ■ Frist: **fristlos**, bei weniger schweren „Vergehen" nur nach Abmahnung

1.4 Rechte und Pflichten in der Berufsausbildung

Azubi	
Rechte	**Pflichten**
■ Zu den **Rechten** gehört das Recht auf *Vergütung (Achtung: Seit 2020 sind im BBiG gestaffelte Mindestvergütungen für Azubis festgeschrieben)*. ■ Damit der Azubi die Berufsschule besuchen kann, muss ihn sein Ausbilder von der *Arbeit freistellen*. ■ Außerdem darf der Azubi alle Arbeitsmittel kostenlos benutzen, die er für seine Berufsausbildung braucht. ■ Sein Ausbilder muss ihn charakterlich fördern und vor sittlichen und körperlichen Gefahren schützen. ■ Schließlich hat der Azubi das Recht, die *Fertigkeiten und Kenntnisse* zu erlernen, die er für die Abschlussprüfung braucht. ■ Bei Beendigung der Berufsausbildung erhält er ein *Zeugnis*. Darin stehen Art, Dauer und Ziel der Berufsausbildung sowie die erworbenen Fertigkeiten und Kenntnisse.	■ Im Gegenzug hat der Azubi die **Pflicht**, während der Dauer der Ausbildung einen schriftlichen Ausbildungsnachweis zu führen. ■ Der Azubi ist verpflichtet, *regelmäßig und pünktlich am Unterricht* in der Berufsschule teilzunehmen und die *erforderlichen Arbeitsmittel bereitzuhalten*. ■ Der Auszubildende hat die Pflicht, den *Weisungen der Lehrkräfte und Ausbilder* zu folgen und mit den *Arbeitsmitteln sorgsam umzugehen*. ■ Er muss sich die vermittelten Fertigkeiten und Kenntnisse aneignen. ■ Er muss die *Betriebsordnung einhalten*. ■ Außerdem muss der Azubi über die *Betriebs- und Geschäftsgeheimnisse Stillschweigen* wahren.
Pflichten **Die Rechte des Auszubildenden zu erfüllen ist Pflicht des Ausbildenden.**	**Rechte** **Gleichzeitig hat der Ausbildende ein Recht darauf, dass der Auszubildende seine Pflichten erfüllt.**
Ausbildende(r)	

1.5 Lebenslanges Lernen und Arbeiten in Europa

Während und nach einer Berufsausbildung muss man immer wieder **Neues dazulernen**. Erstens kann man sich **fort-** und **weiterbilden**: Man lernt dabei in seinem Beruf aktuelles Wissen hinzu. Zweitens kann man sich **umschulen** lassen. Dabei erlernt man einen völlig neuen Beruf. Das geschieht meist vor drohender oder nach langer Arbeitslosigkeit bzw. aus gesundheitlichen Gründen.

Bürger der Europäischen Union (EU) können darüber hinaus in den Mitgliedstaaten besondere Rechte in Anspruch nehmen. Dazu gehören **Freizügigkeit, Niederlassungsfreiheit, Aufenthaltsrecht, Arbeits- und Bewerbungsrecht** (bis auf wenige Ausnahmen) innerhalb der Union.

Schon während der Ausbildung ist es möglich, an einem EU-Bildungsprogramm teilzunehmen. Zurzeit bietet „Erasmus+" – ein EU-Programm für allgemeine und berufliche Bildung, Jugend und Sport – auch eine Chance, Berufserfahrungen in Unternehmen bzw. Schulungseinrichtungen anderer Mitgliedstaaten zu sammeln.

Wenn du die Absicht hast, im europäischen Ausland zu lernen oder zu arbeiten, solltest du einen **Euro***pass* (Vorlagen im Internet) ausfüllen bzw. ausstellen lassen. Er beinhaltet mit seinen unterschiedlichen Bausteinen persönliche Fähigkeiten und Qualifikationen in verständlicher und vergleichbarer Form. Damit öffnet er Türen im Ausland. So kann jeder sich für seine Bewerbung (siehe auch S. 10) den **Europass-Lebenslauf** erstellen. Alle Personen, die einen Lernabschnitt im europäischen Ausland absolvieren, können sich einen **Europass-Mobilitätsnachweis** ausstellen lassen. Das Dokument Europass-Zeugniserläuterungen soll helfen, Zeugnisse EU-weit vergleichbar zu machen.

Wenn auch die Lebens- und Arbeitsbedingungen in den europäischen Staaten recht unterschiedlich sind, werden sie sich voraussichtlich immer weiter angleichen. Bereits 1961 hat die Mehrheit der Mitgliedstaaten des Europarates das Vertragswerk **„Europäische Sozialcharta"** unterzeichnet. Sie schützt soziale und wirtschaftliche Grundrechte wie z.B. das Recht auf

- eine freie Arbeitsplatzwahl,
- gerechte, sichere und gesunde Arbeitsbedingungen,
- ein geregeltes Entgelt,
- eine berufliche Ausbildung,
- den Schutz Behinderter.

In Deutschland findet die Europäische Sozialcharta unter anderem ihren Ausdruck in den Vorschriften des sozialen und technischen Arbeitsschutzes (S. 10–18).

AUFGABEN

- *Erkläre den Begriff „duales System".*
- *Benenne die Inhalte des Ausbildungsvertrages.*
- *Benenne die Rechte und Pflichten des Auszubildenden und des Ausbildenden.*
- *Erkläre die Begriffe „Fortbildung" und „Umschulung".*
- *Welche Rechte haben Bürger der EU bezüglich des lebenslangen Lernens und Arbeitens?*
- *Was versteht man unter einem „**Europass**"?*

2 Arbeits- und Tarifrecht, Arbeitsschutz

Das **Arbeitsrecht** regelt alle Beziehungen zwischen Arbeitgebern und Arbeitnehmern.
Es umfasst viele Einzelgesetze, die in Verträgen und Betriebsvereinbarungen berücksichtigt werden müssen. **Arbeitgeber** sind Personen oder Unternehmen, die Arbeitnehmer gegen eine Gegenleistung beschäftigen. **Arbeitnehmer** sind alle Personen, die aufgrund eines Arbeitsvertrages abhängige (vom Arbeitgeber zugewiesene) Arbeit leisten.

2.1 Arbeitsvertrag und Kündigungsschutz

Grundgesetz • Bürgerliches Gesetzbuch • Kündigungsschutzgesetz • Arbeitszeitgesetz • Jugendarbeitsschutzgesetz • Mutterschutzgesetz • Bundeselterngeld- und Elternzeitgesetz • Bundesurlaubsgesetz • Sozialgesetzbuch 9 (Schutz von Menschen mit Behinderung) • Nachweisgesetz

2.1.1 Das Günstigkeitsprinzip im Arbeitsrecht

Das Günstigkeitsprinzip besagt, dass die einzelnen Regelungen des Arbeitsvertrages immer **zugunsten des Arbeitnehmers** erfolgen, sie dürfen also nicht schlechter als geltende Gesetze, Tarifverträge oder Betriebsvereinbarungen sein. Weil z.B. der Mindesturlaub in Deutschland 24 Werktage beträgt, dürfen in deinem Arbeitsvertrag zwar mehr, jedoch nicht weniger als 24 Werktage stehen.

2.1.2 Die Anbahnung eines Arbeitsverhältnisses

a) Die Bewerbungsunterlagen

Wenn du ein Stellenangebot gefunden hast, welches dich interessiert, musst du deine Bewerbungsunterlagen einreichen. Sie sollten Folgendes enthalten:

- das Bewerbungsschreiben,
- einen tabellarischen Lebenslauf mit Passfoto,
- die letzten Schulzeugnisse und – falls vorhanden – den Gesellenbrief,
- die Arbeitszeugnisse der vorherigen Arbeitsstellen.

In dem Bewerbungsschreiben (auch vorgeschriebene Online-Form möglich) solltest du erklären, warum du dich gerade in diesem Betrieb bewirbst.

b) Das Vorstellungsgespräch

Wenn du in die engere Wahl kommst, wird dich der Arbeitgeber zu einem Vorstellungsgespräch einladen. Als Bewerber musst du wahrheitsgemäß Auskunft über deine erzielten Abschlüsse geben.
Der Arbeitgeber darf dich jedoch **nicht** nach Schwangerschaft, Religionszugehörigkeit, Partei- bzw. Gewerkschaftsmitgliedschaft oder nach deinen Vermögensverhältnissen befragen.
Falls du Kosten bezüglich des Vorstellungsgespräches hattest, wird der einladende Arbeitgeber diese in der Regel ersetzen.

AUFGABEN

- ▶ *Nenne mindestens fünf Gesetze, die Arbeitsrecht beinhalten.*
- ▶ *Was versteht man unter dem Günstigkeitsprinzip im Arbeitsrecht?*
- ▶ *Erkläre den Ablauf eines Bewerbungsverfahrens.*

2.1.3 Der Arbeitsvertrag

a) Form und Inhalt

Im Arbeitsvertrag verpflichtest du dich zu einer bestimmten Arbeitsleistung gegenüber deinem Arbeitgeber. Man kann einen Arbeitsvertrag zunächst mündlich abschließen, er ist auch in dieser Form wirksam. Der Arbeitgeber muss jedoch spätestens einen Monat nach dem vereinbarten Beginn die wesentlichen Vertragsbedingungen schriftlich und unterschrieben nachreichen.
Laut Nachweisgesetz sind mindestens folgende Punkte in den schriftlichen Vertrag aufzunehmen:

- Name und Anschrift der Vertragsparteien
- Beginn und eventuell Dauer des Arbeitsverhältnisses
- Arbeitsort
- Bezeichnung der Tätigkeit und des Aufgabengebietes
- Art und Höhe der Entlohnung einschließlich eventueller Zuschläge
- Arbeitszeit
- Dauer des Jahresurlaubs
- Besondere Kündigungsfristen
- allgemeiner Hinweis auf geltende Tarifverträge, Betriebs- oder Dienstvereinbarungen

b) Rechte und Pflichten aus dem Arbeitsvertrag

Pflichten des Arbeitnehmers	Rechte des Arbeitnehmers
Arbeitspflicht: Der Arbeitnehmer muss die vereinbarte Arbeitsleistung selbst erbringen. **Weisungsgebundenheit:** Der Arbeitnehmer muss sich an die Weisungen des Arbeitgebers halten. **Treuepflicht:** Der Arbeitnehmer muss über betriebliche Ereignisse und Daten Stillschweigen bewahren. Er darf außerdem seinem Arbeitgeber keine Konkurrenz machen (Wettbewerbsverbot).	**Recht auf Lohnzahlung:** Der Arbeitgeber muss den Arbeitnehmer für seine Arbeitsleistung bezahlen. **Recht auf Beschäftigung:** Der Arbeitgeber muss den Arbeitnehmer vertragsgemäß beschäftigen. **Recht auf Fürsorge:** Der Arbeitgeber muss Leben, Gesundheit und Eigentum des Arbeitnehmers im Betrieb schützen; Sozialversicherungsbeiträge abführen, Urlaub gewähren, ein Arbeitszeugnis schreiben u.s.w.

Spätestens bei Arbeitsaufnahme sollte der Arbeitnehmer
- sein Arbeitszeugnis und
- ggf. seinen Sozialversicherungsausweis (bzw. Versicherungsnummernachweis) vorlegen sowie
- eventuelle Urlaubsbescheinigungen abgeben,
- seine Steuer-Identifikationsnummer, den Tag seiner Geburt und
- seine Bankverbindung mitteilen.

AUFGABEN

- ▶ *In welcher Form können Arbeitsverträge abgeschlossen werden ?*
- ▶ *Nenne mindestens fünf Vertragsinhalte eines Arbeitsvertrages.*
- ▶ *Erkläre jeweils zwei Pflichten und Rechte, die sich für einen Arbeitnehmer aus seinem Arbeitsvertrag ergeben.*
- ▶ *Welche Unterlagen muss ein Arbeitnehmer bei Arbeitsbeginn seinem Arbeitgeber aushändigen?*

2.1.4 Die Beendigung des Arbeitsverhältnisses

Ein Arbeitsverhältnis kann beendet werden durch:

Zeitablauf	Aufhebungsvertrag	Kündigung
Der Vertrag wird nur für eine **bestimmte Zeit (befristet)** geschlossen.	Arbeitgeber und Arbeitnehmer **einigen sich**, das Arbeitsverhältnis zu beenden.	**Nur ein Vertragspartner** möchte gegen den Willen des anderen das Arbeitsverhältnis beenden.

Man unterscheidet zwei Arten der Kündigung:

1. **Die ordentliche Kündigung** erfolgt nur unter Einhaltung einer Kündigungsfrist. Diese **gesetzliche Kündigungsfrist** beträgt für Arbeitnehmer und Arbeitgeber **mindestens 4 Wochen auf den 15. eines Monats oder das Monatsende**. Ausnahmen können in den jeweiligen Arbeits- oder Tarifverträgen geregelt sein.
   In der Probezeit (**höchstens 6 Monate**) beträgt die Kündigungsfrist 2 Wochen. Wenn du schon länger in einem Betrieb gearbeitet hast, gelten für den Arbeitgeber längere Kündigungsfristen, jeweils zum Monatsende: z.B. ab 2 Jahre Betriebszugehörigkeit: 1 Monat, ab 5 Jahre Betriebszugehörigkeit: 2 Monate, ab 8 Jahre Betriebszugehörigkeit: 3 Monate, ab 10 Jahre Betriebszugehörigkeit: 4 Monate.
2. **Die außerordentliche Kündigung** erfolgt immer **fristlos**, wenn einer der Vertragspartner einen **wichtigen Grund** hat. Dem kündigenden Teil kann nicht mehr zugemutet werden, das Arbeitsverhältnis fortzusetzen. Wichtige Gründe können z.B. Diebstahl, Arbeitsverweigerung, Tätlichkeit oder eine Beleidigung sein. Wenn du eine fristlose Kündigung verursacht hast, musst du unter Umständen Schadensersatz leisten.

2.1.5 Kündigungsschutz

a) Allgemeiner Kündigungsschutz

Als neu eingestellter Arbeitnehmer hast du allgemeinen Kündigungsschutz, **wenn du länger als 6 Monate in einem Betrieb mit mehr als 10 Arbeitnehmern beschäftigt bist**. In diesen Fällen muss jede Kündigung **"sozial gerechtfertigt"** sein. Bei **betriebsbedingten Kündigungen** muss der Arbeitgeber die Dauer der Betriebszugehörigkeit, das Lebensalter, eventuelle Unterhaltspflichten sowie den Grad einer Schwerbehinderung berücksichtigen. Der Kündigungsgrund kann gerichtlich überprüft werden.
Sozial gerechtfertigte Gründe können betreffen:

die Person des Arbeitnehmers	das Verhalten des Arbeitnehmers	die betrieblichen Erfordernisse
z.B. fehlende Eignung, mangelhafte Leistung, häufige Erkrankungen	z.B. häufige Unpünktlichkeit, Alkohol am Arbeitsplatz, Störung des Betriebsfriedens	z.B. Insolvenz (Firmenpleite), Auftragsmangel, Einschränkung der Produktion

Bei verhaltensbedingten Kündigungen erfolgen zumeist vorherige schriftliche **Abmahnungen**.
Ist ein **Betriebsrat** vorhanden, muss dieser vor jeder Kündigung **angehört** werden.

AUFGABEN

- *Erkläre die Möglichkeiten zur Beendigung eines Arbeitsverhältnisses.*
- *Unterscheide zwischen ordentlicher und außerordentlicher Kündigung.*
- *Erkläre die Voraussetzungen und den Inhalt des allgemeinen Kündigungsschutzes.*

b) Besonderer Kündigungsschutz

Arbeitnehmer, die bestimmten Personenkreisen angehören, genießen einen besonderen Kündigungsschutz.
Ihnen kann dann unter bestimmten Voraussetzungen keine ordentliche Kündigung ausgesprochen werden. Außerordentliche Kündigungen mit wichtigem Grund sind jedoch weiterhin grundsätzlich möglich (vgl. 2.1.4).

Personenkreis	Kündigungsschutzvorschrift	Gesetz
Auszubildende	Kündigungsverbot nach der Probezeit	Berufsbildungsgesetz (BBiG)
Betriebsräte / JAV-Mitglieder	Unkündbar während ihrer Amtszeit sowie bis 1 Jahr danach	Kündigungsschutzgesetz (KSchG)
Schwangere / Mütter / Eltern in Elternzeit	Unkündbar während der Schwangerschaft und bis 4 Monate nach der Entbindung; Eltern während der Elternzeit	Mutterschutzgesetz (MuSchG) Bundeselterngeld- und Elternzeitgesetz (BEEG)
Schwerbehinderte	Zustimmung des Integrationsamtes ist notwendig	Sozialgesetzbuch 9 (SGB 9: Schutz von Menschen mit Behinderung)

c) Das Kündigungsschutzverfahren

- Jede Kündigung durch den Arbeitgeber bedarf der vorherigen **Anhörung des Betriebsrates**. Der Betriebsrat kann einer ordentlichen Kündigung innerhalb von einer Woche widersprechen. Bei außerordentlichen Kündigungen entfällt das Widerspruchsrecht des Betriebsrates.
- Als Arbeitnehmer solltest du daher sofort gegen die Kündigung **Einspruch beim Betriebsrat** einlegen. Der Betriebsrat wird dich dann bei einer ungerechtfertigten Kündigung unterstützen.
- Damit die Kündigung nicht endgültig wirksam wird, musst du **innerhalb von 3 Wochen Klage beim Arbeitsgericht** erheben. Das Arbeitsgericht prüft, ob die Kündigung gerechtfertigt ist.
- Stellt das Arbeitsgericht die Unwirksamkeit der Kündigung fest, musst du entweder weiterbeschäftigt werden oder der Arbeitgeber hat dir eine **Abfindung** zu zahlen. Meistens ist das gegenseitige Vertrauensverhältnis so stark gestört, dass es nur um die Abfindung geht. Bei betriebsbedingten Kündigungen kann der Arbeitgeber auch grundsätzlich eine Abfindung anbieten. Nimmt man dieses Angebot an, ist die gerichtliche Klage jedoch ausgeschlossen.

AUFGABEN

- *Welche Personenkreise haben im Betrieb einen besonderen Kündigungsschutz?*
- *Wähle einen Personenkreis aus und erkläre dessen Kündigungsschutz.*
- *Beschreibe das Kündigungsschutzverfahren.*

2.2 Tarifrecht

Tarifvertragsgesetz

Im Tarifrecht einigen sich Arbeitgeber und Arbeitnehmer in der Regel überbetrieblich auf bestimmte Arbeitsbedingungen, die in den jeweiligen Arbeitsverträgen zu berücksichtigen sind.

2.2.1 Grundbegriffe des Tarifrechts

Tarifvertrag: Kollektive Vereinbarung zwischen den Sozialpartnern (Tarifvertragsparteien)

Sozialpartner: Auf der Arbeitnehmerseite: Gewerkschaften (z.B. IG Metall).
Auf der Arbeitgeberseite: Arbeitgeberverbände (z.B. Südwestmetall, Verband der Metall- und Elektroindustrie Baden-Württemberg e.V.) und einzelne Unternehmen

Tarifautonomie: Die Tarifvertragsparteien dürfen selbstständig Tarifverträge abschließen. Der Staat hat kein Eingriffsrecht.

Tarifgebundenheit: Ein Rechtsanspruch auf die tariflichen Leistungen besteht nur dann, wenn beide Vertragspartner des Arbeitsvertrages den Tarifvertragsparteien angehören.

Allgemeinverbindlichkeit: Auf Antrag der Tarifparteien kann ein Tarifvertrag für allgemein verbindlich erklärt werden: Er bindet dann auch diejenigen Arbeitgeber und Arbeitnehmer, welche nicht entsprechend organisiert sind.

Tarifverhandlungen: Tarifverhandlungen finden immer dann statt, wenn Tarifverträge ausgelaufen oder gekündigt sind. Können sich die Tarifvertragsparteien nicht einigen, wird ein Schlichter eingeschaltet; es kommt eventuell zu Arbeitskampfmaßnahmen.

Friedenspflicht: Während der Laufzeit eines Tarifvertrages dürfen keine Arbeitskampfmaßnahmen (Streik, Aussperrung) stattfinden.

2.2.2 Arten der Tarifverträge

Bezüglich verschiedener Fragen des Arbeitslebens können 3 Arten von Tarifverträgen abgeschlossen werden:

Arten der Tarifverträge	**Lohn**tarifverträge	**Mantel**tarifverträge	**Rahmen**tarifverträge
Inhalte der Tarifverträge	Höhe der Entlohnung	Arbeitsbedingungen	Lohngruppen und Eingruppierung

2.2.3 Tarifverhandlungen und Arbeitskampf

a) Begriffe zum Arbeitskampf

Schlichtung: Verfahren zur Beilegung von Streitigkeiten zwischen den Tarifvertragsparteien. Ein unabhängiger (neutraler) Schlichter versucht zu vermitteln und bietet einen Kompromissvorschlag an. Schlichtung geht vor Streik.

Streik: Planmäßig durchgeführte, vorübergehende Arbeitsniederlegung. Die Arbeitnehmer erhalten keinen Lohn, Gewerkschaftsmitglieder erhalten jedoch ein Streikgeld ihrer Gewerkschaft.

Aussperrung: Der Arbeitgeber kann sich gegen einen Streik mit einer Aussperrung wehren, d.h. er schließt die Arbeitnehmer des ganzen Betriebes oder nur einzelner Bereiche von der Arbeit aus und verweigert damit auch die Lohnzahlung. Nach Beendigung der Aussperrung gilt der ursprüngliche Arbeitsvertrag weiter.

Urabstimmung: Die Gewerkschaft darf nur dann zum Streik aufrufen, wenn mindestens 75 % der abstimmungsberechtigten Gewerkschaftsmitglieder einem Streik zustimmen. Kommt es im Gefolge des Arbeitskampfes zu neuen Verhandlungen, wird in einer 2. Urabstimmung über das Streikende entschieden (mindestens 25 % Zustimmung erforderlich).

b) Ablaufschema eines Arbeitskampfes

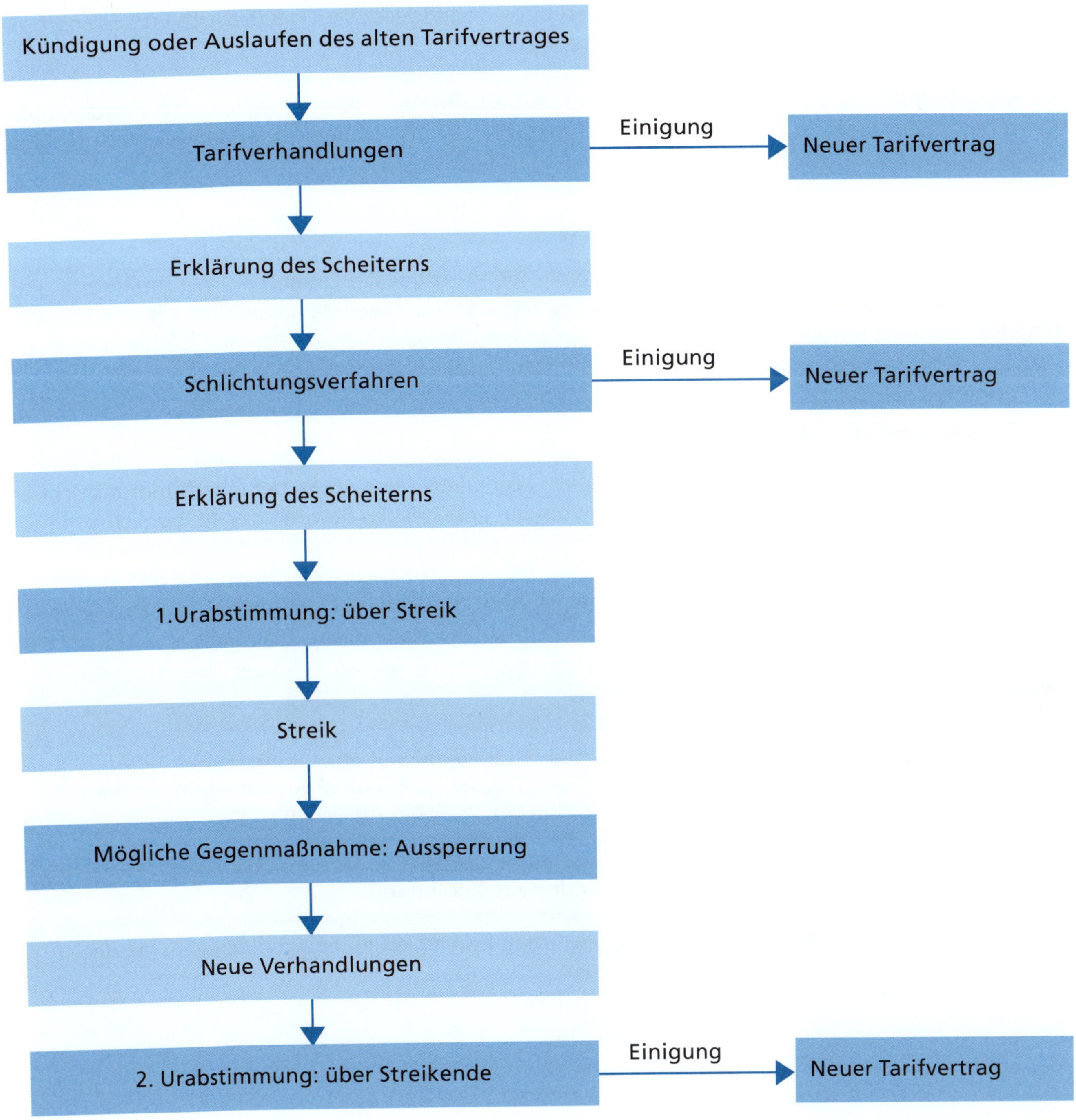

AUFGABEN

- *Erläutere die Grundbegriffe des Tarifrechts.*
- *Welche Arten von Tarifverträgen gibt es?*
- *Wie laufen Tarifverhandlungen ab?*
- *Wann darf die zuständige Gewerkschaft zu einem Streik aufrufen?*
- *Erkläre die Gegenmaßnahme der Arbeitgeber zu einem Streik.*
- *Wann wird ein Streik beendet?*

2.3 Arbeitsschutz

Arbeitszeitgesetz • Bundesurlaubsgesetz • Jugendarbeitsschutzgesetz • Mutterschutzgesetz • Bundeselterngeld- und Elternzeitgesetz • Sozialgesetzbuch 9 (Schutz von Menschen mit Behinderung) • Arbeitsplatzschutzgesetz

Der Arbeitsschutz soll u.a. zur Vermeidung von **Arbeitsunfällen**, **Wegeunfällen** und **Berufskrankheiten** beitragen. Jeder Arbeitsunfall wirkt sich negativ sowohl für den Verletzten als auch für den Betrieb und die Gesellschaft aus.

2.3.1 Der technische Arbeitsschutz

Der technische Arbeitsschutz soll durch zahlreiche Vorschriften die Gefahren am Arbeitsplatz und im Betrieb bekämpfen. Wichtige Vorschriften des technischen Arbeitsschutzes sind z.B. die Arbeitsstättenverordnung, das Arbeitssicherheitsgesetz, das Produktsicherheitsgesetz, die Gefahrstoffverordnung und die jeweiligen Unfallverhütungsvorschriften der Berufsgenossenschaften.

2.3.2 Der soziale Arbeitsschutz

Der soziale Arbeitsschutz soll die Arbeitnehmer vor körperlicher und seelischer Überforderung schützen. In bestimmten Branchen sind Ausnahmen von den gesetzlichen Bestimmungen möglich.

a) Arbeitszeitschutz

Die Arbeitszeit für alle Arbeitnehmer ab 18 Jahre ist im Arbeitszeitgesetz geregelt.
Wesentliche Bestimmungen sind:

Bestimmung	Inhalt
Arbeitszeit	Zeit vom Beginn bis zum Ende der Arbeit ohne Ruhepausen **8 Stunden** an Werktagen, Ausdehnung auf 10 Stunden möglich, wenn innerhalb von 6 Monaten ein zeitlicher Ausgleich erfolgt
Ruhepausen	Bei über 6 Stunden Arbeit **mindestens 30 Minuten**, bei über 9 Stunden Arbeit mindestens 45 Minuten
Ruhezeit	Nach Beendigung der Arbeit bis zum erneuten Arbeitsbeginn mindestens **11 Stunden Pause**

b) Urlaubsschutz

Anspruch und Länge des jährlichen Urlaubs für Arbeitnehmer über 18 Jahre sind im **Bundesurlaubsgesetz** geregelt. Wesentliche Bestimmungen sind:

Bestimmung	Inhalt
Urlaubsanspruch	**Mindestens vier Wochen (24 Werktage)** in einem Kalenderjahr, Anspruch auf vollen Urlaub erst nach einer Beschäftigungsdauer von 6 Monaten
Zeitpunkt	**Wird vom Arbeitgeber bestimmt**, Wünsche des Arbeitnehmers sollen nach Möglichkeit berücksichtigt werden

AUFGABEN

- *Welche Ziele haben der soziale und technische Arbeitsschutz?*
- *Nenne die Rechtsquellen des Arbeitszeit- und Urlaubsschutzes.*
- *Nenne die Bestimmungen des Arbeitszeit- und Urlaubsschutzes.*

c) Jugendarbeitsschutz

Im **Jugendarbeitsschutzgesetz** (JArbSchG) wird die besondere Situation der Jugendlichen berücksichtigt. Jugendliche im Sinne des Gesetzes sind alle Arbeitnehmer, die **mindestens 15, aber noch keine 18 Jahre alt sind**. Wesentliche Bestimmungen sind:

Bestimmung	Inhalt
Arbeitszeit	**8 Stunden am Tag und 40 Stunden in einer 5-Tage-Woche**
Schichtzeit	Arbeitszeit mit Ruhepausen **maximal 10 (11) Stunden am Tag**
Ruhezeit	**mindestens 12 Stunden** zwischen zwei Arbeitstagen
Ruhepausen	bei einer Arbeitszeit von mehr als 4,5 – 6 Stunden mindestens **30 Minuten**, bei einer Arbeitszeit über 6 Stunden mindestens **60 Minuten**
Nachtruhe	Keine Beschäftigung **von 20.00 – 6.00 Uhr** zulässig (Ausnahmen in Gaststättengewerbe, Landwirtschaft, Bäckereien und mehrschichtigen Betrieben)
Urlaub	**Mindestens 30 Werktage für 15-Jährige, 27 Werktage für 16-Jährige und 25 Werktage für 17-Jährige**
Berufsschule	Freistellung für den Berufsschulunterricht
Gesundheitsschutz	ärztliche Untersuchungen vor der Arbeitsaufnahme sowie ein Jahr danach
Beschäftigungsverbot	für gefährliche Arbeiten, Akkord- und Fließbandarbeit sowie Arbeit unter Tage

d) Mutter- und Elternschutz

Das Mutterschutzgesetz (MuSchG) und **das Bundeselterngeld- und Elternzeitgesetz** (BEEG) schützen und fördern insbesondere Schwangere bzw. Eltern während der Elternzeit. Wesentliche Bestimmungen sind:

Bestimmung	Inhalt
Besonderer Kündigungsschutz	während der Schwangerschaft und **bis zum Ablauf von 4 Monaten nach der Entbindung sowie in der Elternzeit**
Verbotene Arbeiten	schwere bzw. gefährliche Arbeiten, Akkord- und Fließbandarbeit, Mehr-, Nacht- und Sonntagsarbeit
Beschäftigungsverbot	**6 Wochen vor bis 8 Wochen nach der Entbindung**
Elternzeit	Bis zum 8. Geburtstag des Kindes kann von Müttern oder Vätern eine **Elternzeit von maximal 36 Monaten** genommen werden. Dabei sind Unterbrechungen möglich. Die Eltern können diese unbezahlte „Auszeit" vom Berufsleben auch ganz oder zeitweise gemeinsam in Anspruch nehmen. Außerdem ist Teilzeitarbeit möglich.
Elterngeld/ ElterngeldPlus	Für maximal 12 bzw. 14 Monate kann (zusätzlich zum Kindergeld) ein Elterngeld gezahlt werden. Bei Teilzeitarbeit ist eine Verlängerung durch ElterngeldPlus möglich.

e) Schwerbehindertenschutz

Bei Schwerbehinderten ist die Erwerbsfähigkeit um mindestens 50% gemindert. Wesentliche Bestimmungen des Sozialgesetzbuches 9 (SGB 9) sind der **besondere Kündigungsschutz, zusätzlicher Urlaub von 5 Arbeitstagen im Jahr und die Möglichkeit, Mehrarbeit abzulehnen**.

2.3.3 Überwachung der Arbeitsschutzvorschriften

Die wichtigsten überwachenden Organe sind die **Berufsgenossenschaften** und die staatlichen **Gewerbeaufsichtsämter**. Innerbetrieblich kontrollieren der **Betriebsrat** und in größeren Betrieben **Sicherheitsbeauftragte**.

AUFGABEN

- *Nenne wichtige Bestimmungen a) des JArbschG, b) des MuSchG und des BEEG.*
- *Welche Einrichtungen überwachen die Arbeitsschutzvorschriften?*

3 Die betriebliche Mitbestimmung

Betriebsverfassungsgesetz • Gesetz über Europäische Betriebsräte

Grundsätzlich kann jeder einzelne Arbeitnehmer sich mit einer Beschwerde an seinen Arbeitgeber wenden. Um aber seine Interessen besser durchsetzen zu können, kann er sich auch an die Interessenvertretungen seines Betriebes wenden. Es gibt fünf verschiedene Einrichtungen, die die Interessenvertretungen der Arbeitnehmer im Betrieb sicherstellen können: **Betriebsversammlung, Betriebsrat, die Jugend- und Auszubildendenvertretung (JAV), Wirtschaftsausschuss und Arbeitnehmervertreter im Aufsichtrat**. Diese Einrichtungen existieren nur, wenn die Gesetze sie zulassen und die Arbeitnehmer ihre Vertreter auch entsprechend gewählt haben.

3.1 Die Betriebsversammlung

Einmal pro Kalendervierteljahr muss der Betriebsrat eine Betriebsversammlung abhalten, zu der alle Arbeitnehmer und der Arbeitgeber eingeladen sind. Der Betriebsrat berichtet über seine Tätigkeit. Alle dürfen auf dieser Versammlung sprechen und Vorschläge einreichen, die dann beraten werden.

3.2 Der Betriebsrat

Er ist die wichtigste Interessenvertretung auf betrieblicher Ebene. Betriebsräte können in Betrieben ab 5 Arbeitnehmern (mindestens 16 Jahre alt) für den Zeitraum von 4 Jahren gewählt werden, wobei mindestens drei Arbeitnehmer wählbar sein müssen. Wer in den Betriebsrat gewählt werden will, muss dem Betrieb mindestens 6 Monate angehören und das 18. Lebensjahr vollendet haben. Achtung: Wählen dürfen den Betriebsrat seit einigen Jahren bereits 16-Jährige. Die Anzahl der Mitglieder des Betriebsrates richtet sich nach der Anzahl der Arbeitnehmer im Betrieb.
Der Betriebsrat hat folgende **Aufgaben**:

- kontrollieren, ob Bestimmungen für den Arbeitnehmer eingehalten werden,
- Arbeitnehmern helfen, über Beschwerden mit dem Arbeitgeber zu verhandeln,
- Maßnahmen beantragen, die gut für den Betrieb und die Belegschaft sind,
- Schutzbedürftigen (z.B. Schwerbehinderten) bei der Eingliederung in den Betrieb helfen,
- Betriebsvereinbarungen mit dem Arbeitgeber abschließen.

Um diese Aufgaben zu erledigen, hat der Betriebsrat folgende **Rechte** gegenüber dem Arbeitgeber:

Mitbestimmungsrecht	Mitwirkungsrecht	Beratungs- bzw. Informationsrecht
Der Betriebsrat ist gegenüber der Unternehmensleitung gleichberechtigt, ohne seine Zustimmung gibt es keine Einigung.	Der Arbeitgeber berät sich mit dem Betriebsrat und kann auch gegen den Willen des Betriebsrats entscheiden. Er muss ihn aber anhören, sonst ist seine Entscheidung unwirksam. Verweigert der Betriebsrat seine Zustimmung, kann das Arbeitsgericht entscheiden.	Der Arbeitgeber muss den Betriebsrat informieren, aber ist nicht von seiner Meinung abhängig.
Das betrifft alle sozialen Angelegenheiten, z.B. Urlaubsplanung, Arbeitszeit, Berufsausbildung, Betriebsordnung.	Das betrifft alle personellen Angelegenheiten, z.B. Einstellungen, Kündigungen, Versetzungen.	Das betrifft wirtschaftliche Angelegenheiten, z.B. Produktion, Absatz, Stilllegung des Betriebes.

→ Bei allen Unstimmigkeiten zwischen Betriebsrat und Arbeitgeber können betriebliche Einigungsstellen eingeschaltet werden; eventuell wird vor dem Arbeitsgericht verhandelt.

3.3 Die Jugend – und Auszubildendenvertretung (JAV)

Hat ein Betrieb mindestens 5 Arbeitnehmer unter 18 Jahren oder 5 Auszubildende (seit Juni 2021 ohne Altersbeschränkung), kann alle 2 Jahre eine Jugend- und Auszubildendenvertretung (JAV) gewählt werden. Es dürfen alle Arbeitnehmer unter 25 Jahren und Azubis unabhängig von ihrem Alter gewählt werden.
Die JAV vertritt die Angelegenheiten der Jugendlichen und Auszubildenden in einem Betrieb gegenüber dem Arbeitgeber. Anträge gehen jedoch nicht direkt an den Arbeitgeber. Die JAV muss sich mit allen Problemen an den Betriebsrat wenden. In einem Betrieb ohne Betriebsrat gibt es auch keine JAV.

3.4 Der Wirtschaftsausschuss

In Betrieben mit mehr als 100 Arbeitnehmern muss ein Wirtschaftsausschuss gegründet werden. Hier sind Betriebsangehörige vertreten, die etwas von Wirtschaft, Finanzen und dem Betrieb verstehen. Sie beraten die Unternehmensleitung in wirtschaftlichen und finanziellen Angelegenheiten des Betriebes und informieren den Betriebsrat darüber.

3.5 Mitbestimmung im Aufsichtsrat

In Kapitalgesellschaften (vorwiegend AG und GmbH) beteiligen sich die Arbeitnehmer an den Aufsichtsräten. Hier sind sie in die Kontrolle des Vorstands (der Unternehmensleitung) mit einbezogen.
Diese Mitbestimmungsrechte sind geregelt:
- im Drittelbeteiligungsgesetz (für Unternehmen mit 501-2000 Beschäftigten),
- im Mitbestimmungsgesetz (für Großunternehmen über 2000 Beschäftigte),
- im Montanmitbestimmungsgesetz (für Unternehmen des Bergbaus und der Stahl erzeugenden Industrie).

In Deutschland gibt es viele Betriebe, in denen es Betriebsräte geben könnte, aber doch keine Betriebsräte gibt. Denn letztendlich liegt es an den Arbeitnehmern, ob sie einen Betriebsrat wählen. Ist kein Betriebsrat vorhanden, entfallen auch alle Rechte, die damit zusammenhängen.

AUFGABEN

- ▶ *Nenne die allgemeinen Aufgaben der Betriebsräte.*
- ▶ *Nenne und erkläre die 3 Rechte des Betriebsrates mit je einem Beispiel.*

4 Das System der Sozialversicherungen in der Bundesrepublik Deutschland

Sozialgesetzbuch

4.1 Das System der Pflichtversicherungen

Wenn du Lohn- oder Gehaltsempfänger bist, musst du dich versichern lassen: in der **Arbeitslosenversicherung**, der **Krankenversicherung**, der **Pflegeversicherung**, der **Rentenversicherung** und der **Unfallversicherung**. Damit sollst du gegen Risiken im Alltag abgesichert werden: du erhältst z.B. Krankengeld, wenn deine Krankheit mehr als 6 Wochen dauert. Oder du erhältst Arbeitslosengeld, wenn du vorübergehend arbeitslos bist. Der Arbeitgeber ist deshalb **verpflichtet**, jeden Arbeitnehmer bei der Sozialversicherung (Pflichtversicherung) anzumelden. Wer so gut verdient, dass sein Einkommen über der sogenannten Versicherungspflichtgrenze liegt, kann auch in eine private Krankenversicherung wechseln. Die Beitragsbemessungsgrenze ist der Höchstbetrag des Arbeitsentgelts, der für die Berechnung der Beiträge zur Sozialversicherung herangezogen wird.

4.2 Beitragshöhe*

Während der Arbeitgeber den **Beitrag** zur Unfallversicherung allein trägt, zahlen ihn für die anderen vier Versicherungen **Arbeitgeber und Arbeitnehmer in der Regel je zur Hälfte**. Der Arbeitnehmer merkt das an seinen Abzügen vom Bruttogehalt. Der höchste Beitrag (18,6 %) fällt für die Rentenversicherung an, der zweithöchste Beitrag von 14,6 % (plus Zusatzbeitrag, den sich Arbeitnehmer und Arbeitgeber hälftig teilen) für die Krankenversicherung, gefolgt von der Pflegeversicherung mit 3,4 % und der Arbeitslosenversicherung mit 2,6 %. Die Höhe der Beiträge kann sich in Zukunft ändern.
Einen Nachweis für die gezahlten Versicherungsbeträge besitzt der Arbeitnehmer mit seinem „Sozialversicherungsausweis“ (Versicherungsnummernachweis). Jeder Arbeitnehmer erhält jährlich schriftlich eine Mitteilung über die geleisteten SV-Beiträge.

4.3 Die fünf Säulen der Sozialversicherung

4.3.1 Die Krankenversicherung

Krankenkassen, wie z.B. die Allgemeine Ortskrankenkasse, die Barmer Ersatzkasse, Innungskrankenkassen und Betriebskrankenkassen verwalten das eingezahlte Geld der Arbeitnehmer und Arbeitgeber in ihrer Krankenversicherung. Im Ernstfall zahlen die Kassen z.B.

- die Behandlungskosten während eines Arztbesuches,
- die Unterstützung bei Medikamenten und Hilfsmitteln,
- (Krebs-) Vorsorgeuntersuchungen,
- Krankengeld und Krankenhauspflege.

Die Krankenkassen erheben Zusatzbeiträge (im Jahr 2024 durchschnittlich 1,7 %). Seit 2019 sind diese Zusatzbeiträge von Arbeitnehmer und Arbeitgeber je zur Hälfte zu tragen. Zuvor trug sie der Arbeitnehmer allein.

4.3.2 Die Unfallversicherung

Die **Unfallversicherung** zahlt in drei verschiedenen Fällen: bei **Wegeunfällen**, bei **Arbeitsunfällen** und bei **Berufskrankheiten**.

* Stand 2024

- Die Kosten der Heilbehandlung werden übernommen.
- Verletztengeld ersetzt den Verdienstausfall bei Arbeitsunfähigkeit.
- Verletztenrente wird gewährt, wenn die Erwerbsfähigkeit mindestens um 20% gemindert ist.
- Sollte ein Arbeitsunfall tödlich enden, erhalten die Hinterbliebenen die Rente für den Toten.
- Muss nach einem Unfall die Beweglichkeit wieder trainiert werden, werden entsprechende Maßnahmen zur Rehabilitation (Wiederherstellung der Arbeitsfähigkeit) von der Unfallversicherung bezahlt.

Die **Berufsgenossenschaften** verwalten die Beiträge, die sich übrigens auch nach der Anzahl der Mitarbeiter und der Gefahrenquellen im Betrieb richten. Um Unfälle zu verhüten, werden Unfallverhütungsvorschriften erlassen und regelmäßig Belehrungen gegen eine Bestätigung des Arbeitnehmers durchgeführt.

4.3.3 Die Rentenversicherung

Die **Rentenversicherung** soll den Lebensalltag **im hohen Alter**, nach Beendigung der Berufstätigkeit, finanzieren. Darüber hinaus zahlt die **Deutsche Rentenversicherung** für verschiedene Problemfälle eine **Rente**, d.h. eine Geldleistung:

- Sollte ein Familienmitglied sterben, erhalten die Hinterbliebenen eine Rente.
- Kann man einen Beruf nicht mehr dauerhaft ausüben, wird Erwerbsminderungsrente gezahlt. Hierbei muss das Restarbeitsvermögen auf dem Arbeitsmarkt unter 6 Stunden pro Tag liegen. Das heißt, man kann nicht mehr länger als 6 Stunden pro Tag arbeiten.
- Um Invalidität zu vermeiden, werden Maßnahmen zur Rehabilitation (Wiederherstellung der Arbeitsfähigkeit) bezahlt.

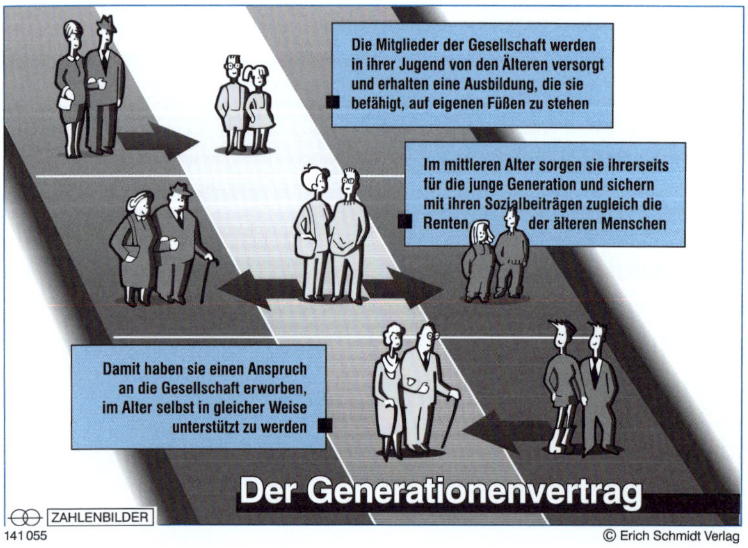

Die Rentenversicherung funktioniert nach dem Prinzip des **Generationenvertrags**. Wenn du heute arbeitest und Beiträge zahlst, finanzierst du die Rente der älteren Generation, der Rentner. Bist du selbst Rentner, dann erhältst du deine Rente von den Rentenbeiträgen deiner Kinder / der jüngeren Generation. Aufgrund der sinkenden Geburtenraten werden in Zukunft weniger Arbeitnehmer Beiträge einzahlen, als Renten an alte Menschen ausgezahlt werden müssen.
Bei steigender Lebenserwartung werden die Gelder, die man verteilen kann, noch knapper. Lösungen werden angedacht; der freie Markt bietet Individualversicherungen für die Altersvorsorge an, z.B. in Form fondgebundener Lebensversicherungen. In bestimmten Abständen wird die Rente „dynamisiert“, d.h. der allgemeinen Nettolohnentwicklung angepasst.

4.3.4 Die Pflegeversicherung

Als jüngster Zweig der Sozialversicherung gilt die **Pflegeversicherung**. Mit der Pflegeversicherung werden diejenigen älteren Menschen finanziell unterstützt, die **auf die Hilfe anderer angewiesen** sind. Der Umfang dieser Hilfe wird zur Zeit nach **fünf Pflegegraden** unterschieden:

Pflegegrad 1	geringe Beeinträchtigung der Selbstständigkeit oder der Fähigkeiten
Pflegegrad 2	erhebliche Beeinträchtigungen der Selbstständigkeit oder der Fähigkeiten
Pflegegrad 3	schwere Beeinträchtigungen der Selbstständigkeit oder der Fähigkeiten
Pflegegrad 4	schwerste Beeinträchtigungen der Selbstständigkeit oder der Fähigkeiten
Pflegegrad 5	schwerste Beeinträchtigungen der Selbstständigkeit oder der Fähigkeiten mit besonderen Anforderungen an die pflegerische Versorgung

Dafür werden Sach- und Geldleistungen erbracht, wobei die häusliche Pflege gegenüber der stationären Pflege im Vordergrund steht. Die **Krankenkassen** übernehmen die Kosten für ambulante Pflege und Pflegemittel, für pflegebedingte Umbaumaßnahmen und Pflegekurse. Bei stationärer Pflege werden ganz oder teilweise die Kosten übernommen. Wenn ein Arbeitnehmer kinderlos sowie mindestens 23 Jahre alt ist, muss er allein einen zusätzlichen Pflegeversicherungsbeitrag (0,6 % vom Bruttoentgelt) leisten.

4.3.5 Die Arbeitslosenversicherung

Die **Arbeitslosenversicherung** soll für einen bestimmten Zeitraum den Ausfall an Lohn/Gehalt überbrücken und zur Erhaltung bzw. Schaffung von Arbeitsplätzen dienen.

a) Arbeitslosengeld (ALG)

Der Arbeitnehmer erhält **Arbeitslosengeld**, wenn er vorher innerhalb von 2 Jahren mindestens 12 Monate lang gearbeitet und dabei SV-Beiträge gezahlt hat. Ältere Arbeitnehmer können Arbeitslosengeld bis zu 24 Monate lang bekommen.
Die Höhe des Arbeitslosengeldes hängt von der Höhe des Nettoentgeldes ab. Arbeitslose ohne Kinder erhalten 60 %, Arbeitslose mit Kindern 67 % ihres letzten Nettoeinkommens. Hat der Arbeitnehmer selbst gekündigt, erhält er unter Umständen erst nach 3 Monaten sein Arbeitslosengeld, hat er eine angebotene Arbeitsstelle ausgeschlagen, kann die Leistung gekürzt werden.

b) Bürgergeld

Bürgergeld erhalten Erwerbsfähige, die bedürftig sind (also nicht über ausreichendes Vermögen verfügen), aber kein Arbeitslosengeld erhalten. Dies kann daran liegen, dass sie noch keinen Anspruch auf Arbeitslosengeld haben oder ihr Anspruch abgelaufen ist (Langzeitarbeitslose). Bürgergeld können auch „Aufstocker" erhalten, also Arbeitnehmer, deren Arbeitseinkommen nicht für den Lebensunterhalt reicht. Um Bürgergeld zu erhalten, muss man Bedürftigkeit nachweisen. Im Gegensatz zum Arbeitslosengeld wird Bürgergeld zeitlich unbegrenzt gewährt. Der Regelsatz beträgt monatlich 563 € für Ledige. Partner in Lebensgemeinschaften und Kinder erhalten weniger (Stand 2024).

c) Kurzarbeitergeld, Winterausfallgeld und Insolvenzausfallgeld

In besonderen Fällen werden auch andere Gelder von den Arbeitsagenturen gezahlt: bei vorüber gehenden Arbeitsausfällen gibt es z.B. **Kurzarbeitergeld**, die Arbeitsplätze müssen dabei erhalten bleiben. Bei witterungsbedingter Arbeitspause gibt es **Saison-Kurzarbeitergeld**; bei Eröffnung eines Insolvenzverfahrens (Firmenpleite) das **Insolvenzgeld**.

Die **Bundesagentur für Arbeit** ist für die Verwaltung der Beiträge und Zahlung der Leistungen verantwortlich. Darüber hinaus vermittelt sie dem Arbeitnehmer neue Arbeit, ermöglicht ihm eine Umschulung oder Weiterbildung und berät ihn bei der beruflichen Neuorientierung.

4.4 Übersicht zu Beiträgen und Trägern (Stand: 2024)

Name der GSV	Krankenversicherung	Unfallversicherung	Arbeitslosenversicherung	Rentenversicherung	Pflegeversicherung
Beiträge (in Prozent)	50 % Arbeitnehmer 50 % Arbeitgeber	100 % Arbeitgeber	50 % Arbeitnehmer 50 % Arbeitgeber	50 % Arbeitnehmer 50 % Arbeitgeber	50 % Arbeitnehmer 50 % Arbeitgeber
Prozentsatz v. Bruttoentgelt	14,6 %[1]		2,6 %	18,6 %	3,4 %[2]
Träger der GSV	Krankenkassen	Berufsgenossenschaften	Bundesagentur für Arbeit (BA)	Deutsche Rentenversicherung (DRV)	Pflegekassen

[1] Hinzu kommt ein von Arbeitgeber und Arbeitnehmer hälftig zu zahlender Zusatzbeitrag der Krankenkasse. Er beträgt 2024 durchschnittlich 1,7 % vom Bruttoentgelt.

[2] Kinderlose Arbeitnehmer ab 23 Jahre zahlen 0,6 % vom Bruttoentgelt zusätzlich. Arbeitnehmer mit mehr als 1 Kind unter 25 Jahre erhalten pro Kind einen Abschlag von 0,25 %. In Sachsen zahlt der Arbeitnehmer i. d. R. 2,2 %, der Arbeitgeber 1,2 %.

4.5 Prinzipien des Sozialstaates

Die gesetzlichen Sozialversicherungen verkörpert zwei Prinzipien des Sozialstaates:

Solidaritätsprinzip	Subsidiaritätsprinzip
Hat einer ein Problem, helfen die anderen: Alle zahlen ihre Beiträge in die 5 gesetzlichen Versicherungen. Damit ist pro Versicherungstopf genügend Geld da, wenn einer mal in Not ist: Wenn du krank bist, erhältst du z.B. die nötigen Medikamente.	Auch wenn dir die Gemeinschaft hilft (solidarisch ist), musst du in einigen Fällen zuerst dein Geld ausgeben. Auch angelegtes Geld musst du dann im Ernstfall erst verbrauchen, bevor du vom Staat Hilfe bekommst, z.B. Bürgergeld, Sozialhilfe.

AUFGABEN

- *Benenne die 5 „Säulen" der Sozialversicherung.*
- *Ermittle den Zweck der betreffenden Versicherung und erläutere deren Leistungen an selbst gewählten Beispielen.*
- *Gib die Höhe der zu zahlenden Beiträge (in Prozent) an.*

5 Arbeits- und Sozialgerichtsbarkeit

Arbeitsgerichtsgesetz • Sozialgesetzbuch

5.1 Arbeitsgerichtsbarkeit

5.1.1 Zuständigkeit der Arbeitsgerichte

Im Prozess der Arbeit kommt es manchmal auch zwischen Arbeitgebern und Arbeitnehmern zu Streitfällen (z.B. bei Kündigungen oder fehlenden Lohnzahlungen). Falls diese nicht im persönlichen Gespräch geklärt werden können, bleibt als letztes Mittel nur noch der Gang zu einem **Arbeitsgericht**. Arbeitsgerichte entscheiden über Rechtsstreitigkeiten aus:

- **Arbeits- und Ausbildungsverträgen**,
- **Tarifverträgen**,
- **Mitbestimmungsregelungen für Arbeitnehmer und**
- **Betriebsvereinbarungen**.

Sie sind also nur für Rechtsstreitigkeiten zuständig, die das **Arbeitsleben betreffen**. Du kannst als Azubi oder Arbeitnehmer den Arbeitsgerichtsprozess selbst führen, wenn du volljährig bist. Die Vertretung durch einen Rechtsanwalt oder die zuständige Gewerkschaft ist auch möglich. Beim Landes- und Bundesarbeitsgericht musst du dich von einem Anwalt vertreten lassen.

5.1.2 Ablauf der Verhandlungen

Man kann **drei Instanzen** (Dienstwege) durchlaufen.

1. **Instanz = Arbeitsgerichte**
   Hier wird die **Klageschrift** aufgenommen und einige Zeit später findet zunächst eine **Güteverhandlung** mit einem Berufsrichter statt. Er versucht, eine **vorgerichtliche gütliche Einigung (Vergleich)** zwischen beiden Parteien zu erreichen. Gelingt diese, so spart man Zeit, Geld (Gerichtskosten) und Nerven.
   Kommt es zu keiner gütlichen Einigung, so muss eine **Kammersitzung** mit einem Berufsrichter und zwei ehrenamtlichen Richtern stattfinden. Es wird dann zum Streitfall ein **Urteil** durch die Richter gesprochen.
   Der Verlierer muss das Urteil nicht hinnehmen, er kann auch in die **Berufung** (falls zugelassen) gehen. In diesem Fall muss der **Streitwert** allerdings **höher als 600 Euro** sein.
2. **Instanz = Landesarbeitsgerichte (Berufungsinstanz)**
   Ein Berufsrichter und zwei ehrenamtliche Richter prüfen noch einmal alle Argumente der Parteien und entscheiden am Ende über diesen Streitfall in einem **erneuten Urteil**.
   Der Verlierer muss auch hier nicht das Urteil hinnehmen, er kann in die **Revision** (falls zugelassen) und damit in die letzte Instanz gehen.
3. **Instanz = Bundesarbeitsgericht in Erfurt (Revisionsinstanz)**
   Drei Berufsrichter und zwei ehrenamtliche Richter entscheiden in einem **abschließenden Urteil** über den Streitfall. Dabei wird nur die Rechtsanwendung des Berufungsgerichts geprüft. Die Sachlage wird nicht mehr geprüft.

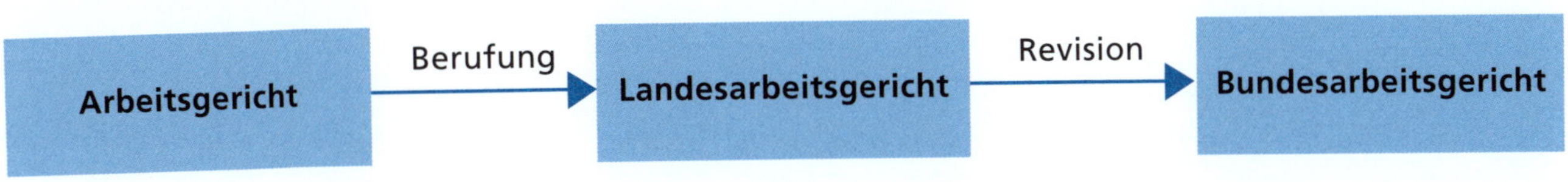

5.2 Sozialgerichtsbarkeit

5.2.1 Zuständigkeit der Sozialgerichte

Die Sozialgerichtsbarkeit ist ein spezieller Gerichtszweig. Hier wird in **sozialen Angelegenheiten** der Menschen (insbesondere bezüglich der Sozialversicherung) geurteilt. Es ist auch Aufgabe der Sozialgerichte, zwischen den Beteiligten bei Notwendigkeit zu schlichten. Das kann z.B. bei einer falschen Berechnung des Rentenanspruchs oder des Krankengeldes für eine Person der Fall sein, bei Streitigkeiten über das Bürgergeld u.s.w. Bevor Klage vor dem Sozialgericht erhoben werden kann, muss gegen die umstrittene Entscheidung **Widerspruch** eingelegt werden.
Sozialgerichtsverfahren sind in der Regel kostenfrei, Änderungen sind jedoch zu erwarten.

5.2.2 Ablauf der Verhandlungen

Man kann, wie auch bei der Arbeitsgerichtsbarkeit, drei Instanzen durchlaufen.

1. **Instanz = Sozialgerichte**
   Ein Berufsrichter und zwei ehrenamtliche Richter entscheiden, ob eine Behörde rechtmäßig gehandelt hat und sprechen ihr Urteil. Ist einer der Beteiligten mit dem Urteil nicht einverstanden, kann er in die nächste Instanz und damit in die **Berufung** gehen.
2. **Instanz = Landessozialgerichte (Berufungsinstanz)**
   Nun ist der Senat, also drei Berufsrichter und zwei ehrenamtliche Richter, zuständig und überprüft die Entscheidung des Sozialgerichtes. Daraufhin spricht er ein **erneutes Urteil**. Ist einer der Beteiligten damit nicht einverstanden, kann er gegen dieses Urteil **Revision** einlegen.
3. **Instanz = Bundessozialgericht in Kassel (Revisionsinstanz)**
   In der Besetzung von drei Berufsrichtern und zwei ehrenamtlichen Richtern wird das Urteil des Landessozialgerichtes (wie vor dem Bundesarbeitsgericht: nur im Hinblick auf die Rechtsanwendung, nicht bezüglich der Tatsachen) überprüft und ein **abschließendes Urteil** gesprochen. Nun sind alle Rechtsmittel ausgeschöpft.

AUFGABEN

- *Unterscheide die Zuständigkeiten zwischen Arbeits- und Sozialgerichten.*
- *Wie laufen die Verhandlungen in der Arbeits- und Sozialgerichtsbarkeit ab?*

6 Grundbegriffe des Marktes

6.1 Über unsere Bedürfnisse

Du hast viele **Wünsche** und Bedürfnisse. Nicht alles, was du dir wünschst, kannst du aber auch haben. Wer kann sich z. B. einfach so ein neues Auto, eine neue Wohnungseinrichtung oder gar ein ganzes Haus kaufen, nur weil man es sich wünscht?
Es gibt aber auch eine Menge **Bedürfnisse**, die du dir selbst mit allem Geld der Welt nicht erfüllen kannst, wie z.B. Anerkennung, Respekt, Zufriedenheit, Gesundheit oder die Liebe eines anderen Menschen.

Wir unterscheiden daher drei verschiedene Bedürfnisse:

1. Existenzbedürfnisse	2. Kulturbedürfnisse	3. Luxusbedürfnisse
Dinge des täglichen Bedarfs, z.B.:	Dinge, die für dich praktisch zu deinem Leben dazu gehören, z.B.:	Dinge, die du für sehr viel Geld kaufen kannst, aber nicht unbedingt zum Leben brauchst, z.B.:
■ etwas zu **essen** und zu **trinken**	■ **Internet** und **Fernsehen**	■ **Kaviar** essen
■ etwas zum **Anziehen**	■ **Smartphone**	■ **Motoryacht**
■ eine **Wohnung**	■ **Kino, Konzert**	■ **Schloss**

Viele unserer **Kulturbedürfnisse** waren noch für deine Eltern oder Großeltern reiner Luxus. Oder glaubst du, deine Oma und dein Opa hätten schon immer einen Farbfernseher oder ein Handy gehabt?
Sogar eine Schale Reis und ein sauberer Schluck Wasser sind für Menschen in armen Ländern schon ein Luxus. Dort kann man sich zum Teil gar nicht vorstellen, dass wir nur zum Wasserhahn gehen müssen, damit frisches Trinkwasser aus der Wand kommt.

6.2 Bedarf entsteht

Bist du bereit, für alles, was wir uns hier in Deutschland leisten können, dein Geld auszugeben? Kaufst du z.B. eine rote Jeans, nur weil sie in einem Schaufenster aushängt? Erst wenn du das Gefühl hast, diese Jeans auch zu brauchen und dein Geld dazu reicht, sie dir auch leisten zu können, wird aus deinem **Bedürfnis** ein **Bedarf**. Willst du z.B. ein bestimmtes Smartphone haben, dein Geld reicht aber nicht dafür, dann bleibt dieses Smartphone ein **Bedürfnis**. Hast du aber das Geld dazu, es dir auch zu kaufen, wird aus deinem Bedürfnis nach dem Smartphone ein **Bedarf**.

Bedürfnisse (Wünsche) + **Geld** (Kaufkraft) = *Bedarf*

6.3 Der Markt

Deinen **Bedarf** kannst du befriedigen, wenn du einen **Markt** aufsuchst.

Hier ist nicht nur vom Wochenmarkt die Rede, sondern auch vom Supermarkt, einem Elektrofachgeschäft oder dem E-Commerce, also dem Markt im Internet. Was du auch immer haben möchtest, ob Waren des täglichen Bedarfs oder eine Arbeitsstelle: immer gehst du dabei auf den Markt. **Jeder Ort also, an dem Güter oder Dienstleistungen gehandelt werden, ist ein Markt.**

6.3.1 Marktarten

Entsprechend gibt es verschiedene Marktarten, auf denen du die unterschiedlichsten Güter / Waren nachfragen oder anbieten kannst. Hier eine Auswahl:

Marktart	Gegenstand
Arbeitsmarkt	Menschliche Arbeitskraft (also deine Arbeitskraft)
Automarkt	Autos
Verbrauchermarkt	Brot, Milch usw. (was wir verbrauchen)

6.3.2 Der Preis entsteht

Natürlich haben Nachfrager und Anbieter im Markt **unterschiedliche Interessen**:

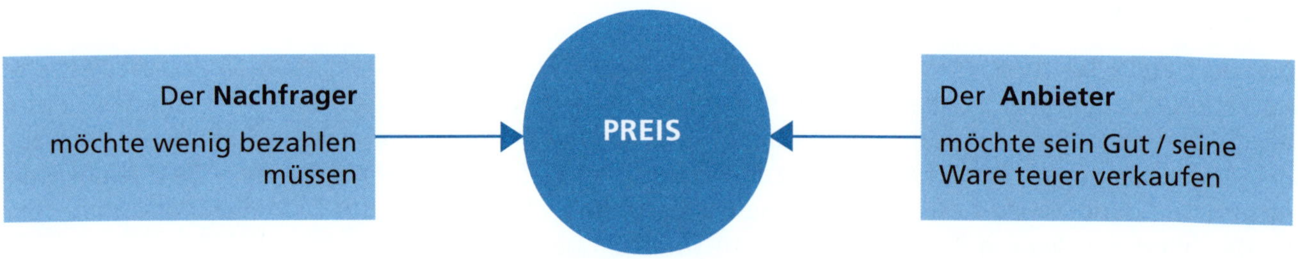

Wenn sich **Nachfrager** und **Anbieter** beim Kauf bzw. Verkauf eines Guts **einig sind**, handeln sie einen **Preis** aus. Das ist der sogenannte **Marktpreis**.

6.3.3 Marktformen

Je nach dem, wie viele Anbieter / Nachfrager auf dem Markt aufeinander treffen, entstehen sogenannte **Marktformen**:

Monopol	Oligopol	Polypol
Bist du z.B. auf **einen Anbieter** für dein Smartphone angewiesen, dann kann das Smartphone sehr teuer werden, weil keine Konkurrenz da ist, die den Preis drückt. In diesem Fall ist dein Smartphone-Verkäufer der einzige **(einer = mono)** und hat das Smartphone-**Monopol**.	Gibt es wenige Anbieter, dann hast du die Wahl zwischen ihnen und kannst ein preiswertes Smartphone kaufen. Diese wenigen Verkäufer (**„wenig"** = oligo) haben deshalb ein **Oligopol**.	Treffen sich unüberschaubar **viele** Smartphone-Anbieter / Verkäufer auf dem Markt, so haben diese vielen (poly) ein **Polypol**. Jetzt kannst du ganz leicht das preiswerteste Smartphone finden.

Nach der Anzahl der Teilnehmer am Markt (Pol) unterscheidet man also 3 Marktformen: das

- Monopol,
- Oligopol,
- Polypol

Beim Monopol und Oligopol schaut man noch mal genauer hin, ob das Angebot oder die Nachfrage betroffen ist. Deshalb kennt man insgesamt auch 5 Marktformen:

Monopol	Angebotsmonopol	**Nur** die Bundeswehr bietet Arbeitsplätze für Soldaten.
	Nachfragemonopol	**Nur** die Bundesmarine kauft in Deutschland Kriegsschiffe von mehreren Herstellern.
Oligopol	Angebotsoligopol	**Wenigen** Tankstellen stehen viele Autofahrer gegenüber.
	Nachfrageoligopol	Vielen Bauern stehen nur **wenige** Molkereien gegenüber, die ihre Milch abnehmen.
Polypol		Auf beiden Seiten sind **viele** Anbieter bzw. Nachfrager, z.B. beim Lebensmitteleinkauf.

Grafisch kannst du dir diese Pole in folgendem Schaubild verdeutlichen:

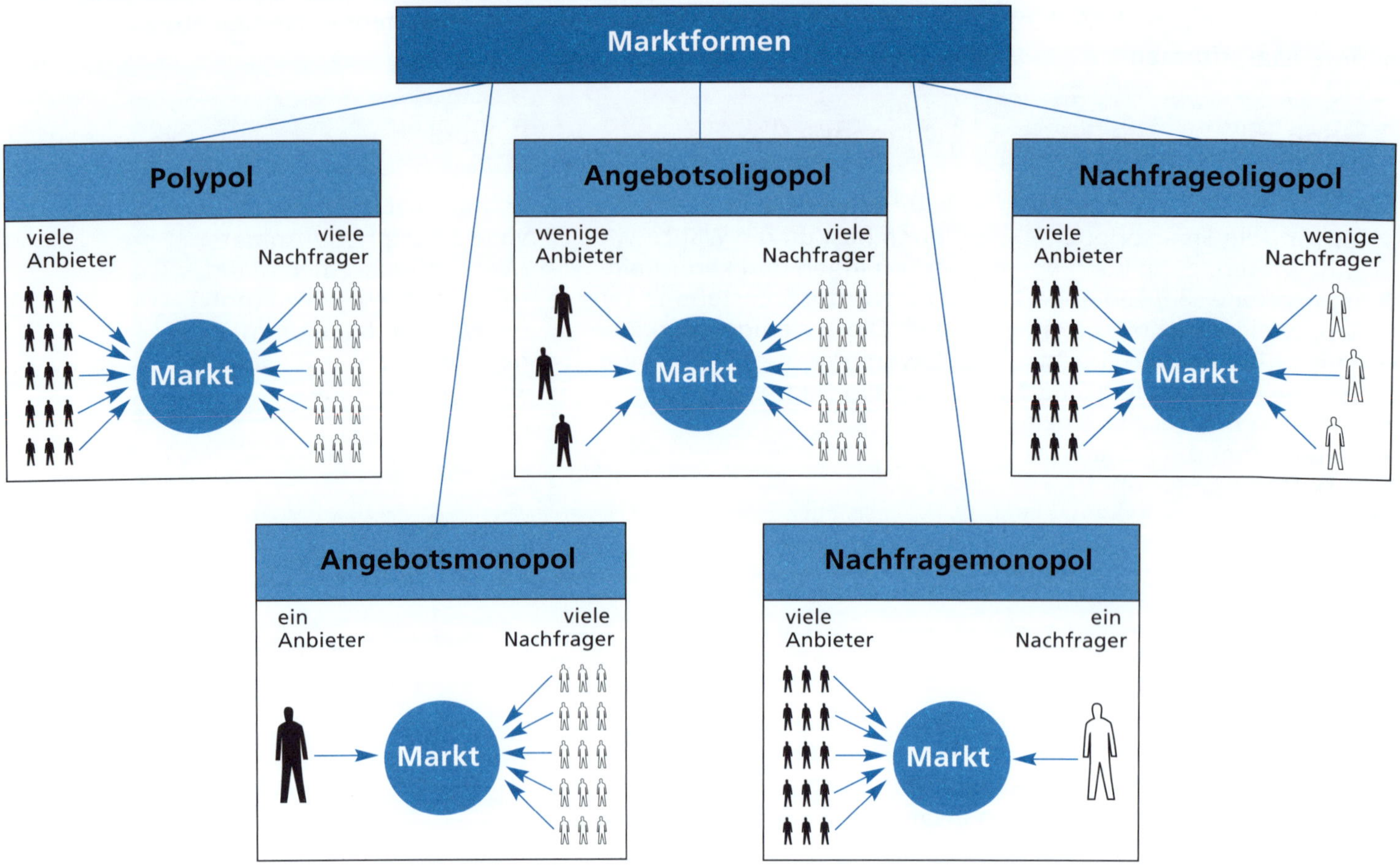

Übrigens: Je mehr Anbieter es gibt, desto niedriger ist in der Regel der Preis.

6.3.4 Warum Preise steigen und fallen

Erinnerst du dich? Anbieter und Nachfrager haben unterschiedliche Interessen: Die einen wollen teuer verkaufen und die anderen preiswert einkaufen. Und wieder entscheidet die Menge über den Preis, diesmal die Menge an Waren:
Der Preis **sinkt**, wenn **viel** Ware **angeboten** wird, diese Ware aber nur **wenige kaufen** wollen. (Bsp. 1)
Der Preis **steigt**, wenn wenig Ware da ist, aber viele Nachfrager diese Ware haben wollen. (Bsp. 2)
Das folgende Beispiel (Smartphones) soll das verdeutlichen:

Beispiel 1:

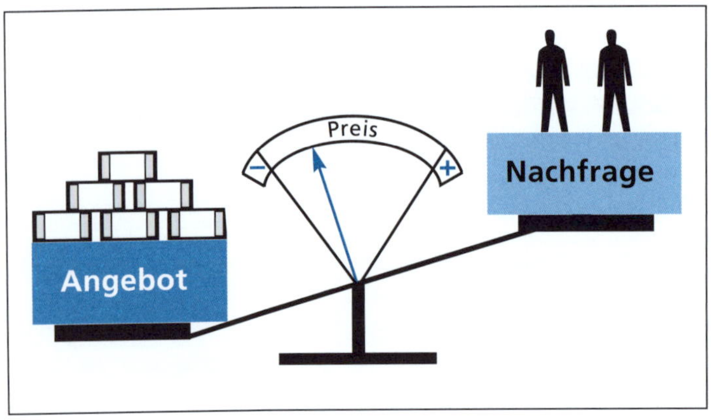

Beispiel 2:

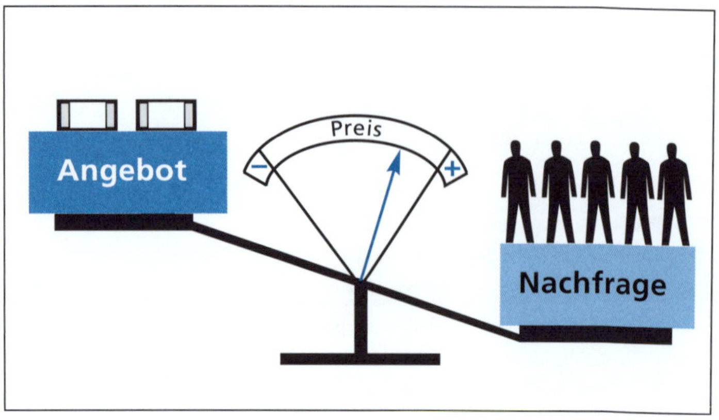

Angebot und **Nachfrage** nach einer Ware haben also Einfluss auf ihren **Preis**. Anders herum hat auch der **Preis Einfluss** auf die **angebotene** und **nachgefragte Menge**.

- Kann das Smartphone teuer verkauft werden, so können von diesem Geld mehr Smartphones produziert werden, also steigt das Angebot.
- Ist dir das Smartphone dennoch zu teuer, dann willst du es nicht mehr kaufen, also sinkt deine Nachfrage.
- Sind zu viele Smartphones auf dem Markt, die keiner mehr will, werden sie zum Ladenhüter. Deshalb sinken die Preise wieder.
- Wenn du nur noch wenig bezahlen musst, so willst du das Smartphone wieder kaufen, die Nachfrage steigt also wieder.
- Aber je mehr Menschen Smartphones kaufen, desto weniger Smartphones sind im Angebot. Und irgendwann streiten sich alle um das letzte Smartphone der Lieblingsmarke; und weil es so heiß begehrt wird, kostet es auch viel, der Preis steigt wieder!

Das folgende Schaubild soll dir diesen beschriebenen **Kreislauf** verdeutlichen. Beginne auf „12 Uhr" in dem Kästchen „Preis steigt" im Uhrzeigersinn zu lesen. Du wirst wieder dort hingelangen.

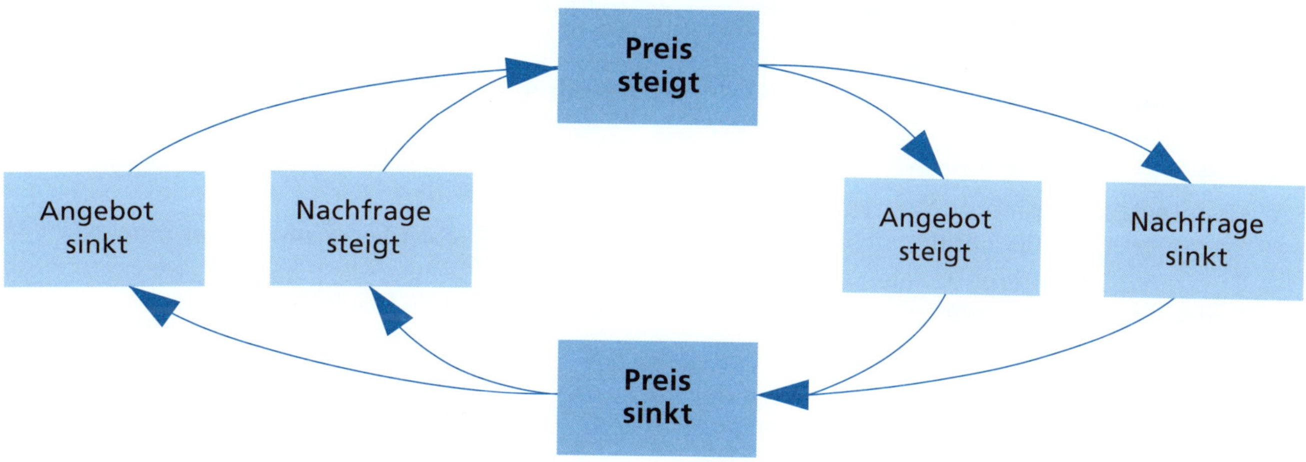

6.3.5 Die Globalisierung der Märkte

Globalisierung bedeutet die **Öffnung der Märkte für Güter und Dienstleistungen der verschiedenen Volkswirtschaften**. Der Begriff „Globalisierung" beinhaltet jedoch nicht nur den internationalen Austausch von Waren und Dienstleistungen, sondern weist auch darauf hin, dass die Wirtschaftsräume durch die **neuen Kommunikationssysteme** (z. B. Internet allgemein, Social Media, Smartphone, Apps usw.) sowie durch **globale Gefährdungen** (z. B. den Klimawandel) immer enger zusammenrücken.

Dominierte früher die Arbeitsteilung innerhalb eines Betriebes am selben Standort, nutzen die Unternehmer nun das Gefälle in der wirtschaftlichen Entwicklung zwischen den Staaten Asiens, Afrikas, Amerikas und Europas und verlagern entsprechend Teile der Produktion dorthin aus. Die Herstellung von Gütern durch nur eine Nation verliert immer mehr an Bedeutung. Auch dort, wo „Made in Germany" steht, wurden vorher Einzelteile aus aller Welt geliefert. Wer z.B. ein neues Auto der Marke BMW kauft, akzeptiert, dass die Produktionsprozesse bis zur Fertigstellung dieses Autos in verschiedene Länder ausgelagert wurden: Die Computerchips, welche die Airbags steuern, werden teilweise in Boston/USA produziert. Zum Testen werden die Chips auf die Philippinen geschickt. In Taiwan werden sie verpackt und in Deutschland in einen BMW eingebaut. Dieser findet seinen Käufer dann in aller Welt, vielleicht in Brasilien.

Die Unternehmen können sich also die optimalen Standorte für Forschung, Finanzierung, Produktion und Verkauf aussuchen. Sie bevorzugen häufig Produktionsorte mit geringen Lohnkosten und Steuerbelastungen, niedrigen oder gar keinen Handelsbarrieren (Zöllen) sowie einem hohen Maß wirtschaftlicher Freiheit und rechtlicher Sicherheit.
Bildung wird für den Einzelnen zum wichtigsten Qualifikationsmerkmal. Fertigkeiten, Wissen, Mobilität und flexible Einsatzmöglichkeit sind nötig, um als Einzelperson konkurrenzfähig zu sein. Dies begründet auch die Notwendigkeit zum lebenslangen Lernen.

Die Erneuerungen im technologischen Bereich bewirken einen **Strukturwandel innerhalb der Gesellschaft.** Lag das Schwergewicht der Arbeit bislang auf eher körperlicher Arbeit innerhalb des sekundären Sektors (Industrie), entstehen mit jeder neuen Veränderung zahlreiche **Arbeitsplätze im Dienstleistungsbereich (Technologie, Computer), also im tertiären Sektor.**

Um den Wirtschaftsstandort Deutschland zu sichern, wird das hohe Maß an sozialer Absicherung durch den Staat nicht zu halten sein, so dass mehr Eigenvorsorge betrieben werden muss. Den „Globalisierungsängsten" stehen jedoch auch zahlreiche positive Aspekte gegenüber. Hier findest du eine Auswahl:

Globalisierung	
positive Aspekte	**negative Aspekte**
■ Verbesserte Exportchancen ■ Bessere Reaktionsmöglichkeiten auf die Besonderheiten der Länder ■ Gründung von internationalen Gemeinschaftsunternehmen ■ Wegfall von Handelsschranken ■ Freizügiger Kapitalverkehr	■ Abwanderung von Unternehmen in Billiglohnländer ■ Steuerflucht in Länder mit keiner oder niedriger Steuer ■ Zunehmender wirtschaftlicher und politischer Druck weltweiter Konzerne ■ Ungenügender Arbeits- und Sozialschutz in vielen Ländern

AUFGABEN

- *Nenne drei verschiedene Arten von Bedürfnissen und erkläre diese an einem Beispiel.*
- *Was ist ein Markt? Erkläre diesen Begriff an einem Beispiel.*
- *Wer legt den Preis fest?*
- *Erkläre, weshalb der Preis für ein Smartphone mal höher und mal niedriger ausfällt.*
- *Erkläre den Begriff „Globalisierung" und seine Auswirkungen.*

7 Der Betrieb

7.1 Merkmale eines Betriebes

7.1.1 Die Aufgaben eines Betriebes

Wozu braucht man eigentlich Betriebe? Sie produzieren die Dinge des täglichen Bedarfs, wie z.B. Nahrungsmittel, Getränke, Kleidung oder auch Autos, Möbelstücke und andere Gegenstände. Es gibt aber auch Betriebe, die Kleidungsstücke reinigen oder Reparaturen ausführen, diese nennt man dann Dienstleistungsbetriebe. Wenn man die Wirtschaft in 3 Bereiche unterteilt, in denen die verschiedenartigsten Betriebe „produzieren", dann erhält man die sogenannten 3 **Sektoren**.
Je nachdem, welche Waren sie herstellen, benennt man sie als:

Primärer Sektor (Urproduktion) (1.)	Sekundärer Sektor (2.)	Tertiärer Sektor (3.)
Gewinnung von Rohstoffen, z.B. in Land- und Forstwirtschaft, Fischerei, Bergbau	Verarbeitung von Rohstoffen, z.B. Bäckerei	Allg. Dienstleistungen und Handel, z.B. Reparatur eines Fernsehers

Jeder Betrieb erfüllt drei **Aufgaben**:

Einkauf: Beschaffung der Rohstoffe, Arbeitskräfte, Maschinen, Arbeitsgeräte (Mehl und Backofen einkaufen, Bäcker anstellen);

Produktion: Herstellung der Ware (z.B. Brot backen), Anfertigung der Dienstleistung;

Verkauf (Absatz): Brote verkaufen, Reklame für den Bäckerladen, Kunden beliefern.

Die Betriebe stellen etwas her. Und damit die Arbeitnehmer z.B. ihren Lohn erhalten können, muss das hergestellte Produkt auch wieder verkauft werden. Ein Betrieb ist demnach **eine organisierte Wirtschaftseinheit, die Güter für den Markt herstellt**.

7.1.2 Die 3 Produktionsfaktoren

Deine Bäckerei z.B. steht auf 3 Säulen, den Produktionsfaktoren **Arbeit, Boden und Kapital**:

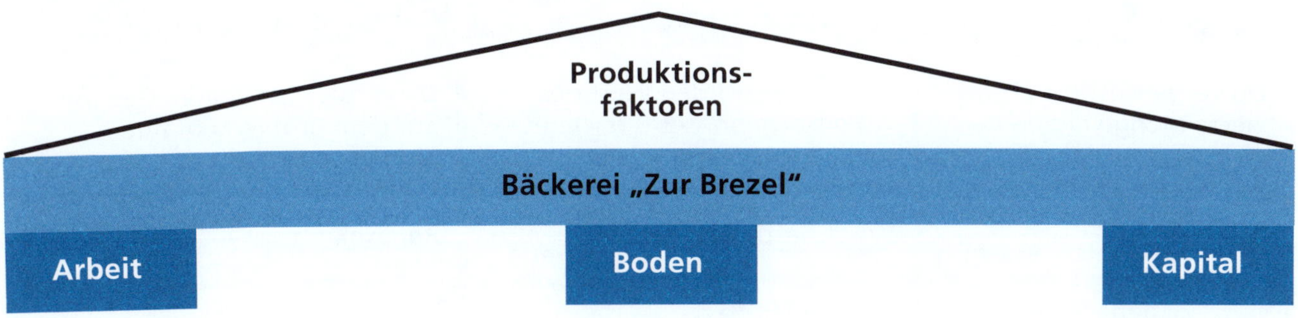

Wer soll den Teig kneten und die Öfen bedienen, die Brote backen und verkaufen? Dazu stellst du Arbeitskräfte ein, die Arbeitnehmer. Sie „verkaufen" dir ihre Arbeitskraft, damit nutzt du den Produktionsfaktor **Arbeit**.
Kein Betrieb hängt im luftleeren Raum. Meistens steht er auf einem Stück Erde (Bergwerke befinden sich unter der Erde). Dieses Stück Erde (**Boden**) gehört dir, denn du hast es gekauft. Vielleicht gehört es auch jemand anderem, dann musst du diesem anderen Miete oder Pacht bezahlen, damit du deine Bäckerei auf diesem fremdem Boden eröffnen kannst.

Dieses Stück Land (Grund und Boden) kaufen oder pachten kannst du nur, wenn du genügend Geld hast. Dieses Geld nennt man **Kapital**. Zum Kapital zählt aber nicht nur dein kleines Säcklein Geld, dazu gehören auch alle Maschinen und Arbeitsgeräte, die du für deine Bäckerei gekauft hast.

7.1.3 Standortfaktoren

Wo soll dieser Betrieb stehen? Die grüne Wiese allein reicht als Standort-Idee nicht aus. Wichtig ist zu wissen, welche großen Verkehrswege in der Nähe liegen und ob die Arbeitnehmer / Lieferanten mit Verkehrsmitteln zum Betrieb kommen können. Als nächstes sollte überlegt werden, ob genügend Arbeitskräfte in der Nähe wohnen und ob die benötigten Rohstoffe preisgünstig eingekauft werden können. Lange Transportwege erhöhen nämlich die Kosten der Produktion. Entscheidend für die **Wahl eines Standortes** ist natürlich auch die Frage, ob genügend Käufer da sind, die für die Waren ihr Geld ausgeben. **Verkehrsverbindungen, die Menge der nötigen Arbeitskräfte, in der Nähe befindliche Rohstoffe und nahe Märkte** zählen also zu jenen Faktoren, die bei der Wahl des Standortes eines Betriebes bedacht werden müssen.

7.1.4 Fixe und variable Kosten

Alles hat seinen Preis. Wenn ein Betrieb erfolgreich wirtschaften soll, müssen die anfallenden **Kosten** bedacht werden. Denn was für die Produktion einer Ware ausgegeben wurde, muss durch den Verkauf der Ware wieder hereingeholt werden.
Feste (fixe) und veränderliche (variable) Kosten werden in der Betriebsrechnung unterschieden. **Fixe Kosten** sind die Summe aller (gleichbleibenden) Geldausgaben für die monatlich zu zahlende Miete / Pacht, für anfallende Zinsen zur Bezahlung von Krediten und zu zahlenden Steuern. **Variable Kosten** ergeben sich aus der Summe aller Rohstoffpreise, Löhne, Preise für den Energieverbrauch und die Verpackung. Um nun die Höhe der Kosten zu errechnen, macht man einen Kostenvoranschlag: man überschlägt die Summe dieser Gesamtkosten, man kalkuliert.

7.1.5 Betriebliche Kenngrößen

Jeder Betrieb wird danach bewertet, ob er sich rentiert, ob er sich lohnt, ob er also das leistet, was er leisten soll. Die Kriterien dieser Leistungsbewertung sind drei **betriebliche Kenngrößen**: Produktivität, Wirtschaftlichkeit, Rentabilität:

Produktivität	Wirtschaftlichkeit	Rentabilität
Du vergleichst die produzierte Menge mit deinen eingesetzten Mitteln:	Du vergleichst den Wert des Arbeitsergebnisses (Preis) mit den angefallenen Kosten:	Du vergleichst deinen Gewinn aus dem Brotverkauf mit deinen verbrauchten Kosten:
$\text{AP} = \frac{\text{Arbeitsergebnis}}{\text{eingesetzte Mittel}}$	$\text{Wirtschaftlichkeit} = \frac{\text{Ertrag}}{\text{Aufwand}}$	$\text{Rentabilität} = \frac{\text{Gewinn x 100\%}}{\text{Kapital}}$
$\text{AP} = \frac{\text{70 gebackene Brote}}{\text{10 Mitarbeiter}}$	$\text{W} = \frac{\text{140 Euro}}{\text{120 Euro}}$	$\text{R} = \frac{\text{20 Euro x 100\%}}{\text{120 Euro}}$
Schaffen deine Mitarbeiter mehr Brote, so erhöht sich die Arbeitsproduktivität.	Du stellst fest: Brote zu backen hat sich gelohnt: Du erhältst für die 70 gebackenen Brote mehr Geld, als du zu ihrer Herstellung an Geld verbraucht hast. Du erzielst also Gewinn, wenn W über 1,0 liegt.	Das Ergebnis der Rechnung sind die Zinsen (Rendite). Ohne diese Zinsen kannst du z.B. kein neues Mehl mehr einkaufen und nicht mehr weiterbacken.

Rentiert sich der Betrieb am Ende nicht, dann ist er zahlungsunfähig und muss schließen, also Insolvenz anmelden.

Jemand muss die Verantwortung für die Funktionsfähigkeit des Betriebes übernehmen. Der Bäckermeister trägt zum Beispiel die Verantwortung dafür, dass genügend Mehl einkauft wird, der Backofen funktioniert und die Bäckerin gut verkauft. Damit verbunden sind für ihn Verpflichtungen rechtlicher und finanzieller Natur, falls die Bäckerei Pleite geht. Prinzipiell unterscheidet man also verschiedene Rechtsformen der Betriebe, die in Punkt 7.2 beschrieben werden.

7.1.6 Fragen zur Betriebsgründung

Willst du z.B. eine Bäckerei eröffnen, also einen Betrieb gründen, so musst du verschiedene Dinge überlegen: Wozu brauchst du den Betrieb, wer unterstützt dich mit dem nötigen Geld, wie viele Maschinen musst du einkaufen und wie viele Arbeitskräfte musst du einstellen, wie viel Konkurrenz hast du und wie dicht sind die Verkehrswege zum Markt und schließlich: Wer ist für die Organisation des Ganzen verantwortlich?

Das Schaubild soll dir die großen Zusammenhänge nochmals veranschaulichen.

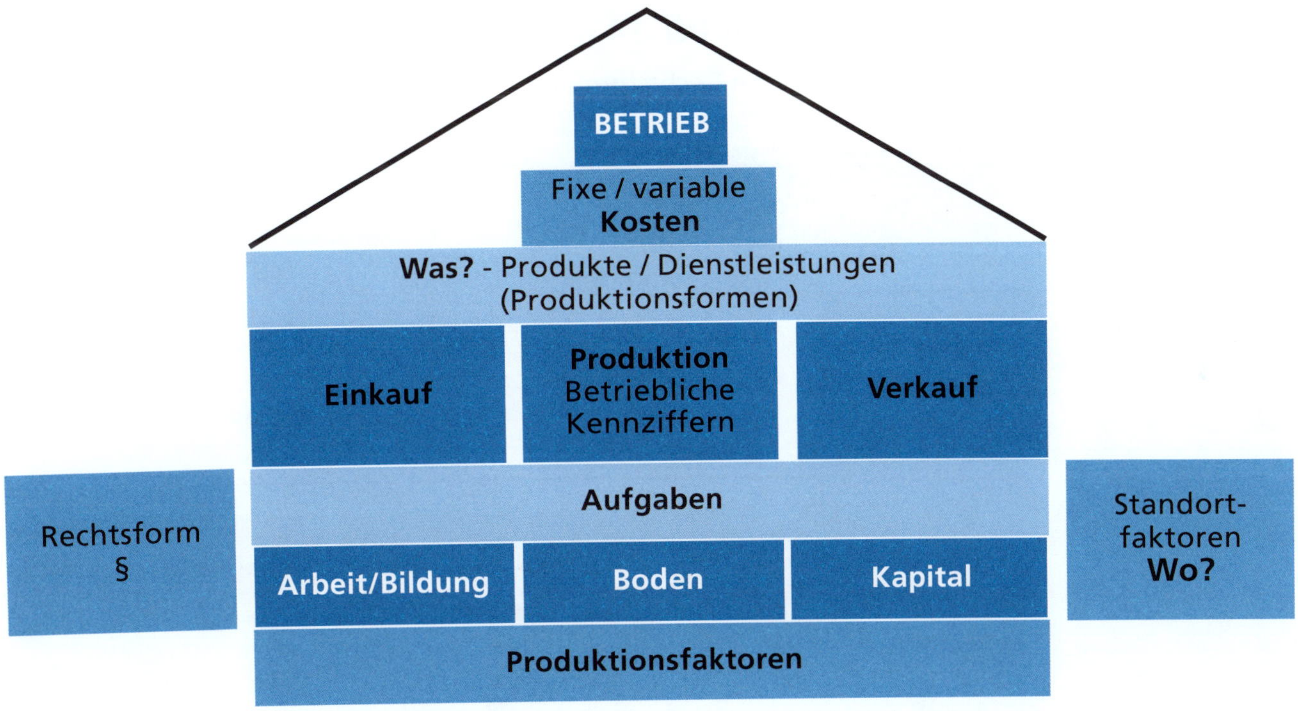

AUFGABEN

- *Benenne die drei Aufgaben eines Betriebes.*
- *Benenne und erkläre die drei Produktionsfaktoren.*
- *Benenne und erkläre die betrieblichen Kenngrößen.*
- *Zähle Standortfaktoren auf.*
- *Erkläre den Unterschied zwischen fixen und variablen Kosten.*

7.2 Rechtsformen eines Unternehmens

7.2.1 Grundsätze

Wer ein eigenes Unternehmen gründen möchte, muss viele Fragen klären.
Diese können z.B. lauten:

- Besitze ich die erforderlichen Fähigkeiten und Kenntnisse?
- Kann ich meine geplanten Produkte und Dienstleistungen erfolgreich verkaufen?
- Habe ich genug Geld, den Betrieb zu gründen?

Der Unternehmer muss sich jedoch auch Gedanken über die Wahl der passenden **Unternehmungsform** machen. Bei der Bezeichnung und Gründung einer Firma unterliegt er ganz klaren rechtlichen Vorschriften. Diesbezüglich muss er überlegen,

- woher das Geld für den Start kommt,
- wer für die Schulden haftet,
- wer das Geschäft führt und vertritt,
- wie Gewinne und Verluste auf die Beteiligten aufgeteilt werden.

7.2.2 Einteilung und Beschreibung ausgewählter Rechtsformen

Die folgende Übersicht zeigt die wichtigsten Rechtsformen von Unternehmungen:

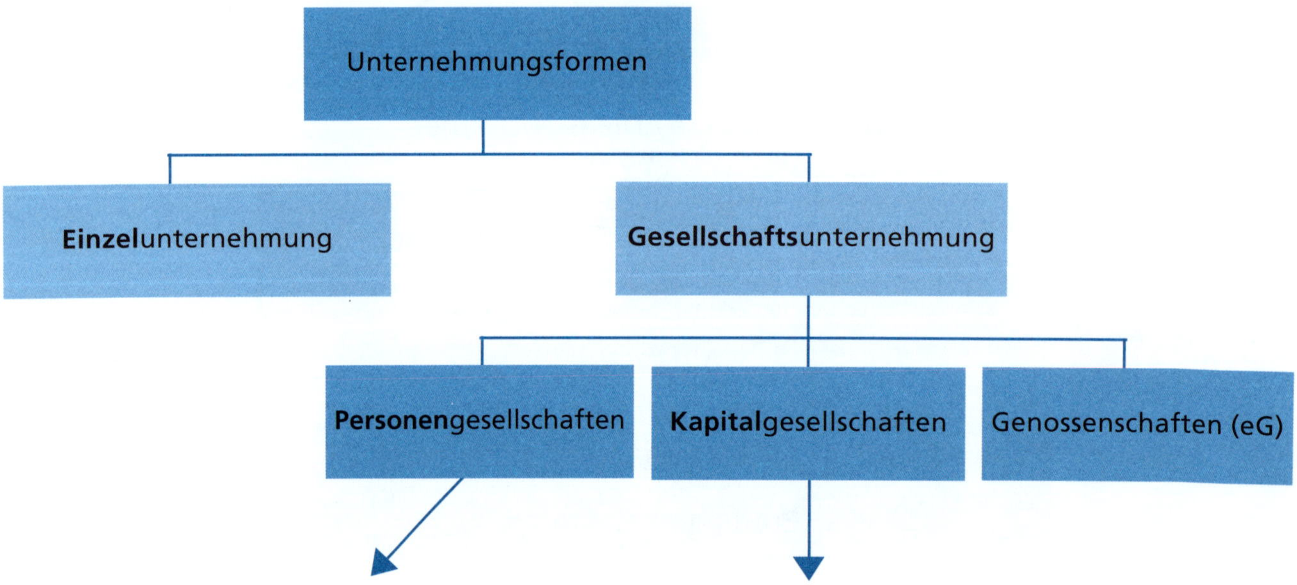

z.B.
- offene Handelsgesellschaft (OHG)
- Kommanditgesellschaft (KG)
- Gesellschaft des bürgerlichen Rechts (GbR)

z.B.
- Gesellschaft mit beschränkter Haftung (GmbH)
- Aktiengesellschaft (AG)

a) Einzelunternehmung

Wie der Name schon sagt, gibt es nur einen **einzelnen Unternehmer**.
Er bringt das Kapital auf, leitet die Unternehmung und haftet für die Schulden unbeschränkt **(mit dem Firmen- und Privatvermögen)**. Damit übernimmt er allein die Verantwortung und das gesamte Risiko, verfügt aber auch allein über den Gewinn.

Man erkennt ein Einzelunternehmen am Familien-, Sach- oder Fantasienamen mit dem Zusatz „e.K.", „e.Kfr." oder „e.Kfm." (eingetragener Kaufmann oder eingetragene Kauffrau).
Ein korrekter Firmenname wäre also z.B. „Claudia Schmidt, Lebensmittel e. Kfr.".

b) Personengesellschaften

Bei den **Personengesellschaften** steht die **persönliche Beteiligung** im Vordergrund. Zwei oder mehrere Personen bilden eine Personengesellschaft, wenn mindestens eine Person **unbeschränkt** haftet (siehe oben). Damit ergeben sich gegenüber dem Einzelunternehmen folgende **Vorteile**:

- Unterschiedliche Kenntnisse und Fähigkeiten können genutzt werden.
- Zusätzliche Gesellschafter können neues Kapital zuführen, dies erhöht die Kreditwürdigkeit.

Man erkennt die Personengesellschaften am Vor- und Familiennamen der Gesellschafter mit dem Zusatz „GbR" oder am Familien-, Sach- oder Fantasienamen mit dem Zusatz „OHG" bzw. „KG".

- **Gesellschaft des bürgerlichen Rechts (GbR):**
  Sie stellt die einfachste Rechtsform dar – es gilt das Bürgerliche Gesetzbuch (BGB). Die GbR wird nicht ins Handelsregister eingetragen, kann seit Jahresbeginn 2024 aber in das neu geschaffene Gesellschaftsregister eingetragen werden. Mündliche und schriftliche Abmachungen können ein gemeinsames Ziel bestimmen (z.B. Lottogemeinschaft, wenn sich die einzelnen Teilnehmer gegen ein Fehlverhalten eines anderen Teilnehmers, wie z.B. die verpasste Abgabe des Lottoscheins, absichern wollen). Jeder GbR-Gesellschafter haftet voll mit seinem Firmen- und Privatvermögen.
- **Offene Handelsgesellschaft (OHG):**
  Hier gibt es mindestens zwei Gesellschafter (Inhaber des Unternehmens). Jeder haftet voll mit seinem Firmen- und Privatvermögen – auch für die geschäftlichen Handlungen des anderen. Jeder hat die gleichen Rechte und Pflichten. Der Gewinn oder Verlust wird gerecht verteilt: Wer mehr Kapital einbringt, gewinnt oder verliert auch mehr. Falls keine abweichenden Regelungen getroffen werden, gilt das Handelsgesetzbuch (HGB).
- **Kommanditgesellschaft (KG):**
  Bei der KG gibt es im Unterschied zur OHG zwei Arten von Gesellschaftern – mindestens einen **Komplementär (Vollhafter)** und mindestens einen **Kommanditisten (Teilhafter)**. Der Komplementär haftet voll mit seinem Firmen- und Privatvermögen, die Kommanditisten haften nur mit ihrer Firmeneinlage. Das Geschäft führt und vertritt nur der Komplementär, die Kommanditisten können ihn aber kontrollieren.

c) Kapitalgesellschaften

In den **Kapitalgesellschaften** steht die **Aufbringung größerer Kapitalbeträge** im Vordergrund.
Die Gesellschafter haben hier einen entscheidenden Vorteil: Sie haften nicht mit ihrem Privatvermögen, sondern nur mit ihrer Firmeneinlage **(beschränkte Haftung)**.
Außerdem brauchen sie nicht persönlich in der Unternehmung mitarbeiten.
Kapitalgesellschaften sind **juristische Personen**. Dies bedeutet, dass sie vom Gesetz wie Menschen behandelt werden. Sie können z.B. Verträge schließen und vor Gericht verklagt werden.
Alle Kapitalgesellschaften müssen im **Handelsregister** eingetragen sein.
Man erkennt sie am Familien-, Sach-, oder Fantasienamen mit dem Zusatz „GmbH" oder „AG".

- **Gesellschaft mit beschränkter Haftung (GmbH):**
  Eine GmbH kann von einer oder mehreren Personen gegründet werden. Sie müssen zusammen mindestens ein **Stammkapital von 25 000 Euro** aufbringen. Die Haftung ist auf die Geschäftsanteile beschränkt. Zu den Organen einer GmbH gehören die Geschäftsführung, die Gesellschafterversammlung und bei mehr als 500 Beschäftigten der Aufsichtsrat. Um die Gründung von Unternehmen zu beschleunigen und zu erleichtern, wurde eine GmbH-Vorstufe mit geringeren Anforderungen eingeführt: Die haftungsbeschränkte Unternehmergesellschaft (UG/„Mini-

GmbH") kann mit einem Mindeststammkapital von 1 Euro gegründet werden. Das Mindeststammkapital der normalen GmbH (25 000 Euro) muss nach und nach angespart werden. Ist es erreicht, kann die UG zur GmbH umfirmiert (umbenannt) werden oder ihre bisherige Bezeichnung beibehalten.

- **Aktiengesellschaft (AG):**
  Aktiengesellschaften sind in der Regel die wirtschaftlich stärksten Kapitalgesellschaften. Ihre Gesellschafter heißen **Aktionäre**. Die Aktionäre sind mit Anteilsscheinen **(Aktien)** am Stammkapital der Gesellschaft beteiligt und haften nur mit ihren Aktien. Das Mindestkapital zur Gründung beträgt **50 000 Euro**. Eine AG kann von einer oder mehreren Personen gegründet werden. Die Aktien von bedeutenden AG werden an einer **Börse** frei gehandelt. Mit Hilfe von Banken können Aktien dann auch von Privatleuten jederzeit gekauft oder verkauft werden.

Nennwert	Kurswert
aufgedruckter Ausgabewert (Erstverkaufspreis)	jeweiliger aktueller Verkaufspreis, der sich an der Börse durch Angebot und Nachfrage ergibt

Nenn- und Kurswert können erheblich voneinander abweichen.
Ist der Kurs einer Aktie gestiegen, kann der Verkäufer somit einen persönlichen Gewinn erzielen.
Jeder Aktionär hat außerdem bei Gewinnausschüttung des Unternehmens Anspruch auf eine **Dividende** (Gewinnanteil je Aktiennennwert).
Ob und wie viel Dividende gezahlt wird, legen die Aktionäre in der jährlichen **Hauptversammlung** fest. Die Hauptversammlung wählt einen **Aufsichtsrat**. Dieser überwacht und bestimmt den **Vorstand** (leitendes Organ).

7.2.3 Merkmale der wichtigsten Rechtsformen im Überblick:

Rechtsform	Mindest-kapital	Haftung	Geschäfts-führung und Vertretung	Gesellschafts-organe	Gewinn-verteilung
Einzelunter-nehmung	nicht vor-geschrieben	unbeschränkt (mit Firmen- und Privatvermögen)	Inhaber	keine	Inhaber allein
Gesellschaft des bürgerli-chen Rechts (GbR)	nicht vor-geschrieben	alle Gesell-schafter unbeschränkt	alle Gesell-schafter gemeinsam	Gesellschafter-versammlung	nach Beteili-gungsanteil, alternativ nach Leistungen oder Köpfen
Offene Handels-gesellschaft (OHG)	nicht vor-geschrieben	alle Gesell-schafter unbeschränkt	jeder Gesell-schafter	Gesellschafter-versammlung	nach Beteili-gungsanteil, alternativ nach Leistungen oder Köpfen
Kommandit-gesellschaft (KG)	nicht vor-geschrieben	Vollhafter (Kom-plementäre) unbeschränkt Teilhafter (Kom-manditisten) beschränkt auf die Firmenein-lage	nur durch die Vollhafter (Komplemen-täre)	Gesellschafter-versammlung	nach Beteili-gungsanteil, alternativ nach Leistungen oder Köpfen
Gesell-schaft mit beschränk-ter Haftung (GmbH)	25 000 Euro Vorstufe haftungsbe-schränkte UG: 1 Euro	alle Gesellschaf-ter beschränkt auf ihren jewei-ligen Anteil am Firmen-vermögen	Geschäfts-führer	Gesellschafter-versammlung, Geschäftsfüh-rer (eventuell auch Aufsichts-rat)	nach der Höhe der Firmenan-teile
Aktienge-sellschaft (AG)	50 000 Euro	alle Gesellschaf-ter (Aktionäre) beschränkt auf ihren jewei-ligen Anteil am Firmen-vermögen (Akti-enwert)	Vorstand	Hauptver-sammlung, Aufsichtsrat, Vorstand	Dividende (Gewinnanteil pro Aktienaus-gabewert)

AUFGABEN

- *Welche Unternehmungsformen gibt es?*
- *Unterscheide zwischen Personen- und Kapitalgesellschaften.*
- *Nenne die Merkmale der jeweiligen Rechtsformen.*

8 Wirtschaftsordnungen im Überblick

Grundgesetz der Bundesrepublik Deutschland • Gesetz gegen den unlauteren Wettbewerb

Wirtschaftsordnungen bilden sich, um die Bedürfnisse der Menschen innerhalb einer Gruppe / Gemeinschaft zu befriedigen. Waren werden produziert und verkauft, solange das Geld da ist. Um Streit zu vermeiden, greift der Staat gelegentlich ein. Er handelt nach bestimmten Spielregeln. Insgesamt gibt es drei verschiedene Spielregeln, also **drei verschiedene Wirtschaftsordnungen**: die freie Marktwirtschaft, die Planwirtschaft und die soziale Marktwirtschaft. Sie kommen in der Praxis jedoch auch in gemischter Form vor. Die Planwirtschaft in reiner Form gibt es in der Praxis nicht mehr.

8.1 Freie Marktwirtschaft, zentrale Planwirtschaft, soziale Marktwirtschaft

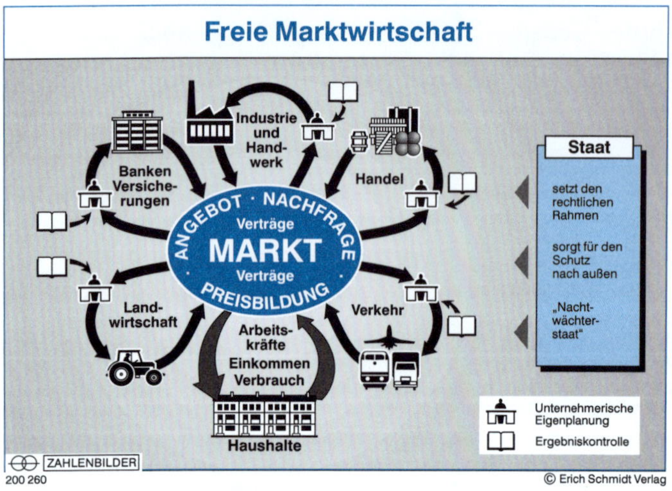

In dieser Wirtschaftsordnung bestimmen **Angebot** und **Nachfrage** das Denken und Handeln der Käufer und Verkäufer. Jeder bewegt sich frei am Markt. Das heißt, wer das Geld hat, entscheidet, was wie viel produziert und wie teuer verkauft wird. Der Staat hält sich aus dem Marktgeschehen im Wesentlichen heraus.

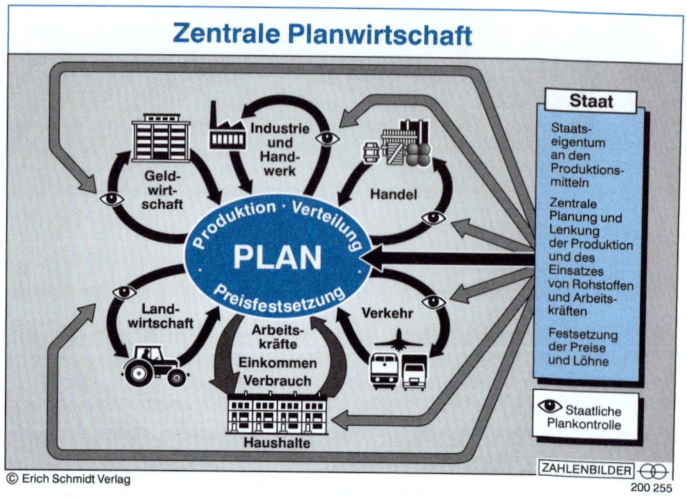

Im Gegensatz zur freien Marktwirtschaft steht die „Planwirtschaft". Der **Staat plant** und steuert das gesamte Wirtschaftsleben und entscheidet z.B., wie teuer ein Produkt verkauft wird oder wie viel Arbeitsplätze es gibt und wie viele Arbeitnehmer dafür ausgebildet werden.

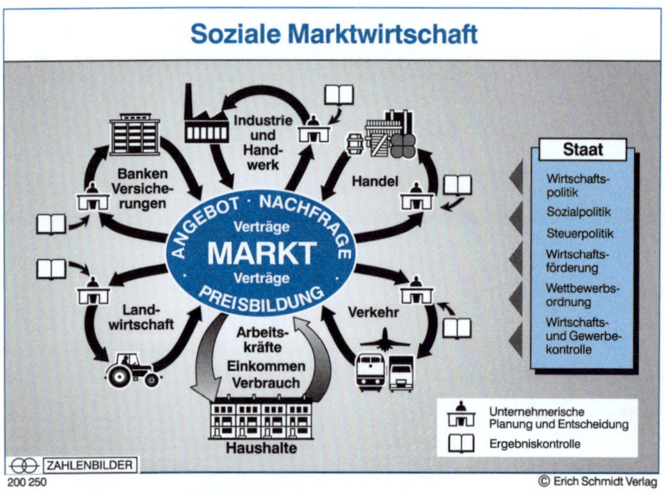

In der sozialen Marktwirtschaft überlässt man vielen Unternehmern das Wirtschaften. Jeder genießt entsprechende Rechte (siehe 8.2.2). Gleichzeitig versucht man jedoch, die Folgen von Arbeitslosigkeit, Krankheit und dergleichen möglichst gering zu halten. Um **die wirtschaftlich Schwachen zu schützen**, greift der Staat in das Wirtschaftsleben ein: er bezahlt bestimmte **soziale Maßnahmen**. Von den in der Tabelle auf der folgenden Seite dargestellten Maßnahmen hast auch du etwas.

8.2 Merkmale der sozialen Marktwirtschaft

8.2.1 Soziale Maßnahmen des Staates

Sozialpolitik	Du zahlst als Arbeitnehmer Beiträge in die Sozialversicherungen; davon wird dir dann z.B. der Arztbesuch bezahlt. Arbeitsschutzgesetze sollen verhindern, dass du mehr arbeiten musst, als du leisten kannst. Soziale Leistungen, wie z.B. Wohngeld, Bürgergeld und Sozialhilfe, werden dir in finanziellen Notsituationen gezahlt.
Einkommenspolitik	Es gibt 6 Steuerklassen, nach denen der Lohn jedes Arbeitnehmers berechnet wird. In diesen Steuerklassen wird deine familiäre Situation berücksichtigt (alleinstehend oder verheiratet, mit oder ohne Kind). Wenn du mehr verdienst, zahlst du auch mehr. Auf diese Weise sollen alle am Ende ihren „gerechten" Lohn erhalten.
Sicherstellung der Versorgung der Bevölkerung	Was alle häufig brauchen, wird vom Staat finanziell unterstützt: die Energieversorgung, das Verkehrswesen, das Gesundheitswesen, Schwimmbäder und andere Freizeiteinrichtungen.
Umweltpolitik	In vielen Fällen zerstören wir unsere Umwelt mehr, als dass wir sie erhalten. Deshalb sollen staatliche Anreize, Verbote und Gesetze bewirken, umweltfreundlich zu handeln, z.B. Mülltrennung einzuhalten.
Wettbewerbspolitik	Um den Wettbewerb zwischen großen Betrieben fair zu gestalten, gibt es bestimmte Bedingungen (Gesetz gegen den unlauteren Wettbewerb). Gleichzeitig wirst du als Verbraucher (Käufer) gesetzlich geschützt (Verbraucherschutzgesetze). So wirst du beraten, welcher Fernseher oder welches Smartphone „mehr taugt".

8.2.2 Wirtschaftliche Freiheiten des Einzelnen

Alle Bürger unseres Staates haben bestimmte wirtschaftliche Grundfreiheiten / Grundrechte. Du kannst sie im Grundgesetz der Bundesrepublik Deutschland wörtlich nachlesen oder aus seinem Wortlaut erschließen.

Recht auf Eigentum (Art. 14)

Der Staat sichert das Privateigentum. Eine Enteignung ist nur zum Wohle aller möglich, wenn dafür eine Entschädigung gezahlt wird.

Freie Wahl des Berufes und des Arbeitsplatzes (Art. 12)

Jeder darf werden, was er möchte, und arbeiten, wo er möchte – ensprechend seinen Fähigkeiten.

Koalitionsfreiheit (Art. 9)

Um ihre Interessen (z. B. bei der Höhe des Lohns) durchzusetzen, müssen sich Arbeitnehmer bzw. Arbeitgeber zusammenschließen. Sie dürfen dafür z.B. Gewerkschaften und Unternehmerverbände gründen.

Vertrags- und Gewerbefreiheit (Art. 2/Art. 12)

Jeder darf ein Gewerbe, also einen eigenen Betrieb gründen und entsprechende Verträge abschließen (Mietvertrag u.ä.) – unter den entsprechenden Voraussetzungen.

Produktionsfreiheit (Art. 2)	**Konsumfreiheit (Art. 2)**
Jeder darf grundsätzlich produzieren, was und soviel er möchte. Der Käufer entscheidet, ob er das Produkt braucht. Wettbewerbsgesetze verhindern, dass du als Unternehmer die Konkurrenz ausschaltest.	Jeder darf grundsätzlich kaufen, was er möchte und soviel er möchte, falls er das Geld dazu hat.

In der Bundesrepublik Deutschland hat sich nach dem Zweiten Weltkrieg die soziale Marktwirtschaft als Wirtschaftssystem herausgebildet.

8.2.3 Finanzierung der staatlichen Aufgaben

Will der Staat seinen finanziellen Verpflichtungen gerecht werden, benötigt er Einnahmen:

- **Steuern** werden allen Bürgern ohne direkte Gegenleistungen (wie z.B. beim Einkaufen) auferlegt.
- **Gebühren** sind Entgelte für bestimmte öffentliche Leistungen (z.B. für die Ausstellung eines Passes).
- **Beiträge** sind Entgelte für bestimmte staatliche Leistungen an eine Gemeinschaft (z.B. für die Kanalisation).
- **Zölle** sind Abgaben, die beim grenzüberschreitenden Warenverkehr erhoben werden. (Innerhalb der Europäischen Union herrscht weitgehend Zollfreiheit.)

Direkte und indirekte Steuern

Nach der Art und Weise der Steuererhebung unterscheidet man in **indirekte** Steuern, die über den Verkauf von Waren erhoben werden (z.B. Alkohol, Strom, Tabak) – deren Bekannteste die **Mehrwertsteuer (Umsatzsteuer)** ist, sowie in **direkte** Steuern, die beim Steuerschuldner direkt erhoben werden (z.B. die Einkommensteuer).

Gemeinde-, Landes- und Bundessteuern

Je nach dem, auf welcher Ebene der Staat Steuergelder einzieht, ordnet man sie in

Gemeindesteuern	Landessteuern	Landessteuern
z.B. Grundsteuer, Gewerbesteuer	z.B. Bier- und Grunderwerbsteuer	z.B. Kfz-Steuer, Energiesteuer, Tabaksteuer
Gemeinschaftssteuern erheben Gemeinden, Bund und Länder anteilmäßig: z.B. Einkommensteuer, Umsatzsteuer		

Teilt man das zu Besteuernde nach der Art des Gegenstandes, ergeben sich Besitzsteuern, Verkehrsteuern und Verbrauchsteuern:

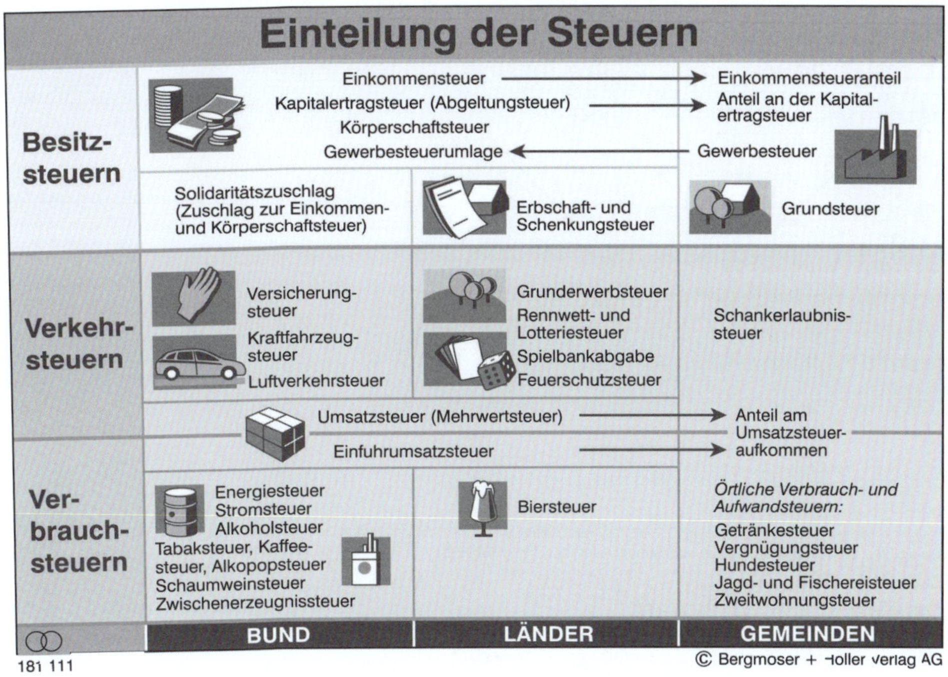

8.2.4 Prinzipien der sozialen Marktwirtschaft

Die Wirtschaftsordnung „Soziale Marktwirtschaft" ruht auf drei Prinzipien. Diese betreffen die Regeln des Zusammenlebens der Menschen innerhalb der sozialen Marktwirtschaft: (Vgl. auch 4.5)

Leistungsprinzip

Wer viel leistet, soll auch viel Geld bekommen. Man muss allerdings überzeugende Maßstäbe finden, um die erbrachten Leistungen gerecht zu entlohnen.

Solidaritätsprinzip

Hat einer ein Problem, helfen die anderen: alle zahlen z.B. Beiträge in die Krankenversicherung. Wenn du krank bist, brauchst du deine Medikamente nicht allein bezahlen.

Es gilt also: Einer für alle, alle für einen.

Subsidiaritätsprinzip

Auch wenn dir die Gemeinschaft hilft (siehe Sozialversicherung), musst du in einigen Fällen erst einmal dein eigenes Geld (bis auf ein „Schonvermögen" in unterschiedlicher Höhe) ausgeben, bevor du vom Staat Hilfe bekommst, z.B. bei Wohngeld, Bürgergeld und Sozialhilfe.

8.3 Wirtschaftsordnungen im Überblick

FREIE MARKTWIRTSCHAFT
Persönliche Freiheit und Nutzen des Einzelnen: Staat sichert Recht und Ordnung

ZENTRALE PLANWIRTSCHAFT
Soziale Gerechtigkeit angestrebt: Staat lenkt Produktion durch Planung

SOZIALE MARKTWIRTSCHAFT
Persönliche Freiheit des Einzelnen und *soziale Gerechtigkeit für alle* verbinden: Staat fördert Wirtschaftsleben durch Gesetze

AUFGABEN

- *Zähle die drei Wirtschaftsordnungen auf.*
- *Erkläre den Begriff der sozialen Marktwirtschaft.*
- *Erläutere an Beispielen die Rolle des Staates in der sozialen Marktwirtschaft.*
- *Unterscheide die Einnahmen des Staates.*
- *Wie lassen sich Steuern einteilen?*

9 Grundlagen des Vertragsrechtes: am Beispiel Kaufvertrag

Bürgerliches Gesetzbuch • Gesetz gegen den unlauteren Wettbewerb • Gesetz gegen Wettbewerbsbeschränkungen (Kartellgesetz)

9.1 Der Kaufvertrag: eine zweiseitige Willenserklärung

Brauchst du z.B. ein neues Smartphone? Dann musst du eins kaufen gehen. Zahlreiche Firmen bieten dir ihre Smartphones an, eins preiswerter als das andere. Der Händler macht dir ein persönliches Angebot, einen sogenannten **Antrag**. Wenn du dich für eins dieser Smartphones entschließt und es kaufst, dann nimmst du diesen Antrag an. Dieser Vorgang heißt **Annahme**. (a) Im Gegenzug kannst du beim Händler ein konkretes Smartphone bestellen, dann machst du ihm einen Antrag. Der Händler bestätigt deine Bestellung und verkauft dir das Gewünschte. Er nimmt also deinen Antrag an (b). Ihr beide geht dabei einen Vertrag ein, den sogenannten Kaufvertrag.

Ein Kaufvertrag ist ein zweiseitiges Rechtsgeschäft mit zwei übereinstimmenden Willenserklärungen: Jeder von euch hat seinen Willen: Wer ihn **zuerst** äußert, der stellt den **Antrag**. Die zweite Vertragsperson kann diesen Antrag annehmen oder ihn ablehnen; auf jeden Fall erklärt auch sie ihren Willen. Das folgende Schema soll das Prinzip dieser Willenserklärung verdeutlichen.

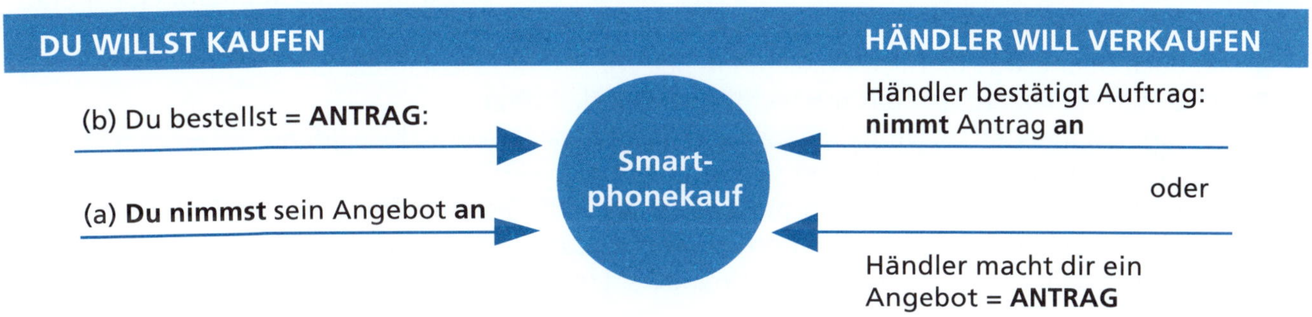

9.2 Inhalte des Kaufvertrages

Bei wichtigen Kaufverträgen sollten Besonderheiten (am besten schriftlich) vereinbart werden, ansonsten gelten die gesetzlichen Regelungen – auch bei mündlichen Verträgen:

Angaben	Beispiel
Art und Güte der Ware	Mittlere Qualität (nicht exquisit)
Lieferzeit	Bei Möbeln evtl. mehrere Wochen, Smartphones nimmst du sofort mit.
Verpackungskosten und Beförderungskosten	Der Verkäufer stellt die Verpackung, den Transport deines Smartphones vom Laden nach Hause bezahlst du: die Fahrt nach Hause oder die Lieferung per Post bei Internetbestellung.
Zahlungsbedingungen	Du als Käufer bringst dein Geld zum Verkäufer und bist dafür verantwortlich, dass dein Geld dort ankommt – in der Regel reichst du es gleich über den Ladentisch, zahlst per Karte oder überweist es auf ein Konto.
Preisnachlässe	Rabatte (z.B. bei Barzahlung = Skonto) müssen vor der Bezahlung / also vor dem Kauf vereinbart werden.
Erfüllungsort	Ort der Leistungserbringung, z. B. der Smartphone-Laden. Wenn nichts anderes vereinbart ist, hast du als Käufer **Holschulden** für die Ware und **Bring**- bzw. **Schickschulden** für das Geld.
Gerichtsstand	Verkäufer oder Käufer können vor Gericht klagen, wenn du z.B. das Smartphone nicht bezahlst oder wenn die Möbelfirma nicht wie vereinbart liefert. Eventuell seht ihr euch sogar an deinem Wohnort vor Gericht wieder.

Der Kassenbon gilt in der Regel als Beweisstück eures Kaufvertrages. Darauf findest du mindestens die Firma des Verkäufers, den Gegenstand und seinen Preis (mit Mehrwertsteuer) sowie das Datum des Kaufs.

9.3 Rechtliche Grundlagen

Ihr beide, du und der Verkäufer, geht bei dem Smartphonekauf ein Rechtsgeschäft ein. Damit seid ihr beide an bestimmte rechtliche Rahmenbedingungen gebunden. Der Verkäufer hat sich an geltendes Recht zu halten und der Käufer darf erst ab einem bestimmten Alter rechtlich voll gültige Geschäfte abschließen.

9.3.1 Die Geschäftsfähigkeit

a) **Kinder unter 7 Jahren sind geschäftsunfähig**. Will ein 6-Jähriger eine Tüte Bonbons, muss der gesetzliche Vertreter, z.B. die Mutter, diese kaufen. Kommt der 6-Jährige mit Zettel und Geld, dann gilt er als Bote der Mutter und überbringt deren Willenserklärung. Ohne diese ist dieser Vertrag ungültig, nichtig. (Der Verkäufer darf dieses Geld dann also nicht annehmen.)

b) **Minderjährige** (7 bis einschließlich 17 Jahre) **gelten als beschränkt geschäftsfähig**. Sie dürfen einkaufen gehen, wenn die Eltern oder der gesetzliche Vertreter mit diesem Kauf einverstanden sind. Kauft sich ein 16-Jähriger vom Weihnachtsgeld ohne Beisein seiner Eltern ein Trekkingrad, dann ist dieser Kaufvertrag erst gültig, wenn die Eltern diesem Kauf nachträglich zustimmen. Eltern brauchen einem Rechtsgeschäft nicht zustimmen, wenn Minderjährige
   - ein Buch oder etwas preislich Ähnliches in bar von ihrem Taschengeld bezahlen,
   - ein Geschenk annehmen, das nur rechtliche Vorteile bringt,
   - im Rahmen ihres Arbeitsverhältnisses Geld ausgeben: für Berufsbekleidung, Essensmarken o.ä. (Das Arbeitsverhältnis musste aber vorher genehmigt sein.)

c) **Bist du 18 Jahre alt, dann giltst du per Gesetz als voll geschäftsfähig**. Du darfst selbstständig gültige Rechtsgeschäfte abschließen und musst dich auch um die pünktliche Bezahlung kümmern oder dich mit dem Gerichtsvollzieher auseinandersetzen.

9.3.2 Allgemeine Geschäftsbedingungen (AGB)

Beim Abschluss von Kauf- und anderen Verträgen müssen die Vertragsinhalte nicht jedes Mal neu ausgehandelt werden. Daher gibt es meistens bereits vorformulierte Vertragsbedingungen – sogenannte allgemeine Geschäftsbedingungen, auch als „Kleingedrucktes“ bezeichnet. Damit diese AGB nicht einseitig private Käufer benachteiligen, enthält das Bürgerliche Gesetzbuch besondere Schutzvorschriften. Hier folgen einige Beispiele:

Regelung	Beispiel
Du musst als Käufer ausdrücklich auf die AGB hingewiesen werden. Der Wortlauf der AGB muss leicht erreichbar und verständlich sein (Aushang im Geschäft oder auf dem Vertragsformular). Du musst als Käufer mit den AGB einverstanden sein.	Der Verkäufer hat die von ihm verwendeten AGB beim Smartphonekauf im Geschäft nicht erwähnt, geschweige denn dir ausgehändigt. Du musst die AGB, die du am Abend auf seiner Homepage findest, nicht beachten.
Überraschende Textklauseln sind unzulässig.	Bei Lieferschwierigkeiten bist du nicht verpflichtet, eine andere Smartphonemarke abzunehmen.
Nachträgliche Preiserhöhungen für Waren oder Leistungen sind innerhalb von 4 Monaten unzulässig.	Du brauchst bei der Anlieferung des gekauften Möbelstückes keinen erhöhten Preis akzeptieren.
Die gesetzlichen Gewährleistungsfristen dürfen bei neuwertigen Kaufsachen nicht verkürzt werden.	Innerhalb von zwei Jahren kannst du alle Lieferungsmängel bei deinem Smartphone anzeigen (reklamieren). Du reklamierst dann den Fehler.

9.4 Was tun bei Reklamationen?

Wenn die Ware nicht in Ordnung ist, kannst du sie reklamieren. Du hast als Käufer einen Anspruch auf einwandfreie Ware, ohne jeden Fehler. Dennoch kann es vorkommen, dass du Fehler findest:

Sachmängel	Erklärung am Beispiel
Montagemangel	Für deinen Kleiderschrank, in Einzelteilen geliefert, fehlt die Montageanleitung.
in der Menge	Die 1-Liter-Flasche enthält nur 750 ml.
in der Qualität	Die Brötchen sind klebrig, denn sie sind nicht durchgebacken.
in der Beschaffenheit	Ein neuer Schrank hat Kratzer, dein Brot ist schimmlig, obwohl das Verfallsdatum noch nicht überschritten ist.
Nicht eingehaltene Werbeaussage	Was z.B. den Benzinverbrauch deines Autos betrifft.
Rechtsmangel	Ein Gebrauchtwagen gehört nicht dem Verkäufer, sondern ist Diebesgut.
Falsche Ware	Apfelsaft wird statt Orangensaft geliefert.

In diesen Fällen kannst du den Fehler beim Verkäufer reklamieren. Der Verkäufer hat zunächst das Recht auf Nacherfüllung durch Ersatzlieferung oder Nachbesserung. Erst wenn die Nacherfüllung scheitert, kannst du weitere Rechte geltend machen:

erst

Nacherfüllung

Ersatz liefern | Nachbessern, Fehler beheben

dann

Rücktritt vom Vertrag | **Preisnachlass** = Minderung des Verkaufspreises

oder

zusätzlich **Schadensersatz**

Als **Käufer** hast du also zunächst die Wahl zwischen **Nachbesserung** zwecks Beseitigung des Mangels oder **Nachlieferung** eines mangelfreien Exemplars. Erst wenn diese beiden Maßnahmen der Nacherfüllung scheitern, kannst du zwischen folgenden Rechten wählen:

Minderung	Du behältst die Sache und bekommst einen Teil deines Geldes wieder.
Rücktritt	Du gibst die Sache zurück und bekommst dein Geld wieder.
Schadensersatz	Dir ist ein Schaden entstanden, weil z.B. das waschbare rote Hemd andere Wäschestücke verfärbt hat. Dafür verlangst du jetzt Ersatz.

9.5 Zahlungsmöglichkeiten

Du hast verschiedene Möglichkeiten, den Preis zu bezahlen. Wichtig sind:

- **Barzahlung**: Du gibst einen Geldschein oder ein Geldstück über den Ladentisch.
- **Bargeldlose Zahlung**: Du füllst eine Online-Überweisung aus (oder wirfst eine handschriftlich ausgefüllte Überweisung bei deiner Bank ein), lässt das Geld bei dir abbuchen (Lastschrift), richtest einen Dauerauftrag ein, nutzt einen Online-Bezahldienst (z.B. PayPal) oder machst von der Möglichkeit der Kartenzahlung Gebrauch (z.B. Girocard oder Kreditkarte).

9.6 Das Mahnverfahren

Gelegentlich kommt es vor, dass du etwas kaufst, ohne es gleich zu bezahlen, deine Smartphonerechnung zum Beispiel. In diesem Fall gibt es für den Verkäufer mehrere Schritte, dein Geld einzutreiben.

- Die **Zahlungserinnerung**: Du wirst an die Zahlung deines Rechnungsbetrages erinnert und bekommst eine Frist von ein paar Tagen / Wochen für die Zahlung.
- Die **Mahnung**: Du wirst mehrmals gemahnt, deine Rechnung zu bezahlen.
- Der Verkäufer beantragt jetzt einen **Mahnbescheid** beim Gericht. Anschließend erhältst du Post vom Amtsgericht.
- Du kannst Widerspruch erheben und vor Gericht gehen. Du kannst aber auch bezahlen. Reagierst du immer noch nicht, dann kann der Verkäufer den **Vollstreckungsbescheid beantragen**.
- Du kannst dagegen vor Gericht Einspruch erheben. Du kannst aber auch bezahlen.
- Reagierst du immer noch nicht, dann kommt der **Gerichtsvollzieher** und nimmt leicht bewegliches Eigentum als Pfand für den zu zahlenden Preis gleich mit. Ansonsten klebt er sein Pfandsiegel auf ein Möbelstück, oder dir wird der Preis von der nächsten Lohnzahlung abgezogen. Wer ein Eigentumsgrundstück mit Haus hat, muss eventuell mit einer Versteigerung rechnen. Auch andere Gegenstände können versteigert werden **(Zwangsvollstreckung).**

9.7 Doch kein Kaufvertrag: Nichtigkeit und Anfechtbarkeit

Ein Kaufvertrag kommt nicht immer zustande oder kann rückgängig gemacht werden. Stimmten die Bedingungen von Anfang an nicht, so ist der Vertrag von vornherein ungültig: **nichtig**, auch wenn das Geld über den Ladentisch geht. Wird Fehlverhalten erst nach dem Kauf festgestellt, so kann der Vertrag **angefochten** und **rückgängig gemacht** werden.

Ein Vertrag ist z.B. **nichtig**, wenn

- du nicht (voll) geschäftsfähig bist,
- der Vertrag nicht die richtige Form hat (mündlich statt schriftlich o.ä., Kaufverträge sind aber i. d. R. formlos gültig),
- jemand einen üblen Scherz mit dir treibt (ein Betrunkener dir sein Auto für 5 Euro verkauft),
- du nur zum Schein einen falschen Verkaufspreis in der Rechnung angibst, um Steuern zu sparen
- dir jemand Drogen verkaufen will und damit gegen das Gesetz verstößt,
- die Bank dir 50 % Zinsen auf deinen Kredit berechnet (sittenwidrig).

Ein Vertrag kann z.B. **angefochten** werden, wenn

- du bedroht worden bist und deshalb gekauft hast (Drohung),
- du arglistig getäuscht worden bist (Täuschung),
- du dich geirrt hast (Irrtum). Auf jeden Fall musst du nach dem Kauf zurück gehen zum Verkäufer und ihm das sagen, den Kauf also **anfechten**.

9.8 Übersicht zum Kaufvertrag

Welche einzelnen rechtlichen Bestimmungen beim Kaufvertrag zu berücksichtigen sind, ersiehst du nochmals in der folgenden Übersicht.

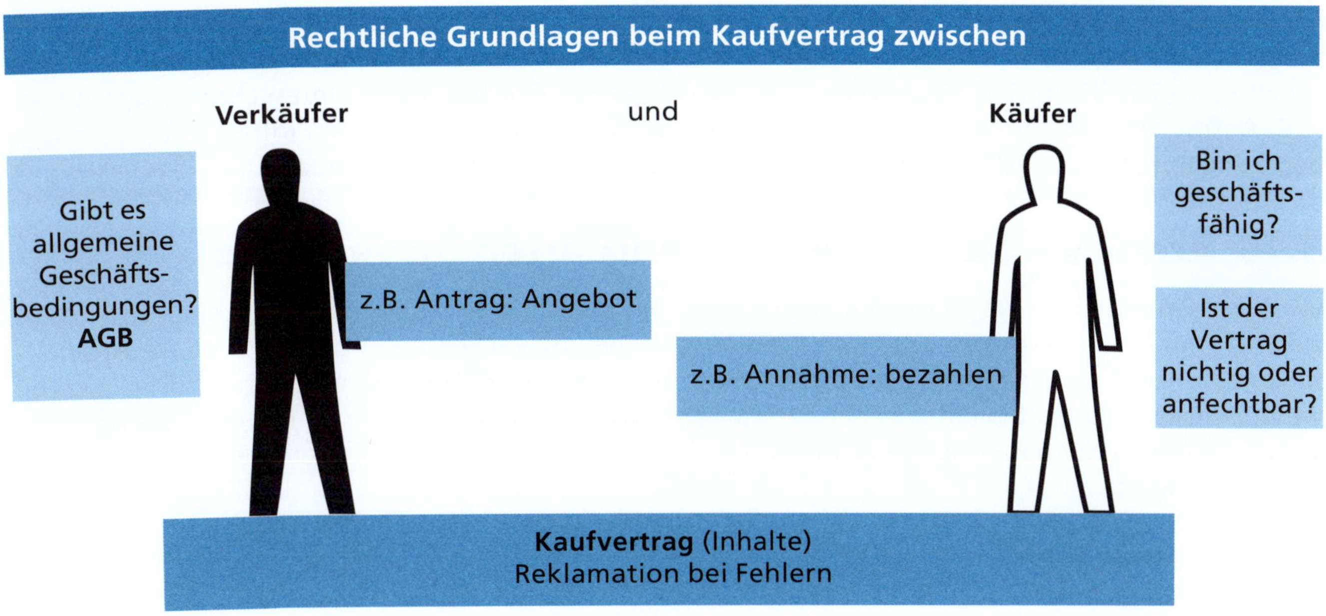

9.9 Weitere Vertragsarten

Außer dem Kaufvertrag schließen wir im Leben auch andere **mehrseitige Rechtsgeschäfte (Verträge)** ab. Sie werden durch **mindestens zwei übereinstimmende Willenserklärungen** wirksam. Zu den wichtigsten Vertragsarten gehören:

a) Mietvertrag — Der Vermieter gestattet dem Mieter den Gebrauch einer Sache und erhält dafür ein Entgelt, den sogenannten Mietzins (Beispiel: Miete einer Wohnung).

b) Pachtvertrag — Der Verpächter gestattet dem Pächter den Gebrauch einer Sache, zusätzlich aber auch den Ertrag (z.B. Obsternte eines Gartens) und erhält dafür den Pachtzins.

c) Leihvertrag — Der Verleiher überlässt dem Entleiher unentgeltlich eine Sache zum Gebrauch (Beispiel: Ausleihe eines Buchs aus einer Leihbibliothek).

d) Werkvertrag — Der „Unternehmer" erstellt ein „Werk" (z.B. Reparatur eines Autos des „Bestellers"): Er muss sich nicht nur um den Erfolg der Reparatur bemühen, sondern diese garantieren. Nur wenn die Reparatur erfolgreich ist, erfüllt der Unternehmer den Werkvertrag mit dem Besteller.

e) Dienstvertrag — Eine Person, Behörde oder Firma verpflichtet sich, gegen Entgelt eine bestimmte Dienstleistung zu erbringen. Im Unterschied zum Werkvertrag muss der Dienstleister nicht für einen Erfolg garantieren. Die bekannteste Form des Dienstvertrages ist der Arbeitsvertrag (siehe Kapitel 2.1.3).

f) Darlehensvertrag — Der Darlehensgeber verpflichtet sich, dem Darlehensnehmer Sachen (bzw. Geld) entgeltlich oder unentgeltlich zum Verbrauch zu überlassen (siehe auch Kapitel 9.10). Es müssen gleichartige (aber andere) Sachen zurückgegeben werden (z.B. Ersatz für verbrauchte Lebensmittel).

Für wichtige Rechtsgeschäfte ist **die Form** vorgeschrieben. So muss jede Kündigung eines Ausbildungs- oder Arbeitsverhältnisses schriftlich formuliert und mit der Unterschrift des Kündigenden versehen sein **(Schriftform)**. Gelegentlich muss ein Notar die Echtheit einer Unterschrift **beglaubigen** (z.B. Antrag auf Eintragung ins Handelsregister) oder darüber hinaus auch den Inhalt eines Vertrages **beurkunden** (z.B. Grundstückskauf). Er bestätigt dann die Echtheit aller Angaben.

9.10 Kreditverträge (Verbraucherdarlehensverträge)

Während Firmen in der Regel Kredite aufnehmen, um Investitionen (z.B. neue Maschinen) zu finanzieren, nimmt man im privaten Bereich **Kredite zu Konsumzwecken** auf. Für eine größere Anschaffung (z.B. Auto) wird ein Kredit aufgenommen, der in einem Betrag oder in Raten zurückgezahlt werden muss. Er kommt eventuell aber auch infrage, wenn vorübergehende Zahlungsschwierigkeiten vorhanden sind oder das Gesparte nicht für ein aktuelles Angebot ausreicht. Privatleute nehmen **drei Arten der Kredite** auf:

- **Dispositionskredite**
- **Anschaffungsdarlehen**
- **Hypothekendarlehen**

Wenn du ein Girokonto mit regelmäßigem Geldeingang besitzt, wird dir die Bank ohne besondere Formalitäten einen Dispositionskredit (Überziehungskredit) einräumen. Dies bedeutet, dass du bis zu einer bestimmten Höhe (meist bis zum doppelten Monatseinkommen) das Konto überziehen kannst. Die verhältnismäßig hohen Zinsen fallen nur an, so lange das Konto überzogen ist. Jede Einzahlung vermindert oder tilgt die Kreditsumme.
Benötigst du mittel- oder längerfristig Gelder für größere Anschaffungen, wird ein **Anschaffungsdarlehen (Ratenkredit)** vereinbart. Die Laufzeit für eine bestimmte Summe beträgt zwischen 6 und 72 Monaten. **Hypothekendarlehen** benötigt man in der Regel, um den Bau von Häusern oder Eigentumswohnungen zu finanzieren.
Du solltest verschiedene Angebote der Kreditinstitute (Banken) vergleichen und immer nach dem **effektiven Jahreszins** fragen. Er enthält alle tatsächlichen Belastungen wie Zinsen, Restschuldversicherungen, Provisionen.

Für die Gewährung von Krediten verlangen die Banken **Sicherheiten**. Möglichkeiten sind:

- **Sicherungsübereignung**
  Der Kreditgeber wird Eigentümer des Kaufgegenstandes (z.B. Autos), der Kreditnehmer bis zur vollständigen Bezahlung nur Nutzer (Besitzer).
- **Bürgschaft**
  Andere Personen (z.B. Eltern, Freunde) haften für die Rückzahlung des Kredits.
- **Lohn- und Gehaltsabtretung**
  Der pfändbare Teil des Einkommens (bis zum Existenzminimum) wird an das Kreditinstitut abgetreten.

Obwohl es heute relativ leicht ist, Konsumwünsche mithilfe von Krediten zu erfüllen, solltest du nicht leichtfertig handeln und immer mögliche Risiken wie Arbeitslosigkeit und Krankheiten bedenken. Bei Problemen kann auch eine örtliche **Schuldnerberatungsstelle** aufgesucht werden.

9.11 Die Verjährungsfristen

Schuldner können die Leistung verweigern, wenn eine bestimmte Zeit abgelaufen ist.
Verjährung bedeutet also, dass ein Anspruch gerichtlich nicht mehr durchgesetzt werden kann. Die wichtigsten Verjährungsfristen sind:

Frist	Fristbeginn	Ansprüche (Beispiele)
30 Jahre	am Tag der Entstehung	▪ aus vorsätzlicher Körperverletzung ▪ auf Herausgabe von Eigentum ▪ aus rechtskräftigen Gerichtsurteilen
10 Jahre	am Tag der Entstehung	▪ aus Rechten an einem Grundstück
5 Jahre	sofort mit Ablieferung	▪ aus Mängeln an Bauwerken
3 Jahre	am Ende des Jahres, in dem der Anspruch entstand	▪ auf Zahlung und alle sonstigen Ansprüche (normale Verjährungsfrist)
2 Jahre	sofort mit der Lieferung	▪ Sachmängel (z.B. mangelhafte Lieferung beim Kaufvertrag)

9.12 Verbraucherschutz und -beratung

Da es heute auf den Märkten ein verwirrend großes Angebot an Waren und Dienstleistungen gibt, müssen wir Verbraucher vor ungerechtfertigten und schädigenden Einflussnahmen der Anbieter geschützt werden. Es gibt eine Reihe von Gesetzen zur Begrenzung und Überwachung des Wettbewerbs in unserer sozialen Marktwirtschaft.
Dazu zählen insbesondere das **Bürgerliche Gesetzbuch** (siehe auch AGB auf der S. 46), das **Gesetz gegen den unlauteren Wettbewerb (UWG)** und das **Gesetz gegen Wettbewerbsbeschränkungen (GWB)**.

Nach dem UWG sind z.B. verboten:

- Irreführende Werbung,
- falsche Angaben über die Ware,
- Verunglimpfung oder Behinderung der Konkurrenz,
- Zusendung von unbestellter Ware,
- ungenehmigte Belästigung (z.B. mit Telefon, Fax, E-Mail).

Das Gesetz gegen Wettbewerbsbeschränkungen (GWB), auch Kartellgesetz genannt, regelt u.a. Zusammenschlüsse und Absprachen der Unternehmer untereinander. Preisabsprachen zum Nachteil der Verbraucher sind strikt verboten.
Das **Bundeskartellamt** muss Zusammenschlüsse großer Unternehmen genehmigen und eventuell durch Auflagen eingreifen.

Wenn du dich z.B. über das Preis-Leistungs-Verhältnis eines neuen Smartphones informieren möchtest, solltest du vor dem Kauf die Auskünfte verschiedener **unabhängiger Beratungsstellen** bzw. Institutionen nutzen. Dazu gehören vor allem die **Verbraucherzentralen**, die **Verbraucherverbände** (z.B. **Deutscher Mieterbund**), die **Stiftung Warentest** und die **Massenmedien**/das **Internet**.

Verbraucherzentralen der Bundesländer unterhalten in jeder größeren Stadt **Verbraucherberatungsstellen**. Diese führen nicht nur Beratungsgespräche durch, sondern leisten auch Öffentlichkeitsarbeit und unterstützen Verbraucher bei Reklamationen.
Die **Stiftung Warentest** führt unabhängige, vergleichende Tests von Waren bzw. Dienstleistungen durch und veröffentlicht die Ergebnisse in den monatlichen Zeitschriften „test" bzw. „Finanztest" sowie im Internet.

AUFGABEN

- *Benenne die beiden Willenserklärungen bei einem Kaufvertrag.*
- *Erkläre die 3 Grade der Geschäftsfähigkeit.*
- *Benenne und erläutere die Möglichkeiten der Reklamation, wenn man an einer Ware einen Fehler entdeckt.*
- *Erläutere das Mahnverfahren, das bei Nichtbezahlung droht.*
- *Unterscheide Werk- und Dienstverträge.*
- *Unterscheide zwischen Dispositions- und Anschaffungsdarlehen.*
- *Was versteht man unter Verjährung und normaler Verjährungsfrist?*
- *Welche Bedeutung haben UWG und GWB?*
- *Nenne die Möglichkeiten der Verbraucherberatung.*

10 Politisches System in Deutschland

Grundgesetz der Bundesrepublik Deutschland

10.1 Die Bundesrepublik Deutschland: ein demokratischer Rechts- und Sozialstaat

Das Wort „Demokratie" kommt aus dem Griechischen und bedeutet Volksherrschaft. Dies bedeutet aber nicht, dass jeder alles bestimmen kann: Unsere Staatsordnung ist eine sogenannte **repräsentative oder parlamentarische Demokratie**: Als Bürger des Landes kannst du regelmäßig wählen gehen. Die Gewählten handeln dann im Sinne der Wähler, sie repräsentieren unsere Interessen. Diese Vertreter versammeln sich im Parlament (Parlamentarische Demokratie) und treffen dort politische Entscheidungen.

Die Grundsätze unserer Demokratie und die staatliche Grundordnung sind im **Grundgesetz**, der Verfassung der Bundesrepublik Deutschland, festgelegt.
Das Grundgesetz gilt seit dem 23. Mai 1949. Es beinhaltet Prinzipien, nach denen sich alle Menschen in unserem Staat zu verhalten haben. So darf z.B. niemand die Menschenrechte verletzen und zur Gewalt gegen politische Gegner oder Minderheiten aufrufen. Alle anderen Gesetze müssen den Prinzipien des Grundgesetzes entsprechen.
Zwei Artikel des Grundgesetzes dürfen in keinem Fall geändert werden:

- Artikel 1 GG: Die Würde des Menschen ist unantastbar. Sie zu achten und zu schützen ist Verpflichtung aller staatlichen Gewalt. (Auszug)
- Artikel 20 GG: Die Bundesrepublik Deutschland ist ein demokratischer und sozialer Rechtsstaat. (Auszug)

Im Grundgesetz findest du auch verschiedene **Grundrechte** für alle Bürger, wie z.B.
- freie Meinungsäußerung (Artikel 5)
- Freiheit der Person (Artikel 2)
- Versammlungsfreiheit (Artikel 8)

Der Staat hat die Aufgabe, die Werte des Grundgesetzes in allen Bereichen zu bewahren.
Er ist sowohl Rechtsstaat als auch Sozialstaat.
Das Rechtsstaatsprinzip:
Es besagt, dass jeder vor dem Gesetz gleich behandelt werden muss. Der Staat hat für den Schutz von Leben, Eigentum und Freiheit jedes Einzelnen zu sorgen. Alle Staatsorgane (vgl. 10.3) müssen sich an die Gesetze halten.
Das Sozialstaatsprinzip:
Der Staat verpflichtet sich, soziale Gerechtigkeit anzustreben (z.B. bei der Höhe der Lohnsteuer) und garantiert dir ein Mindestmaß an sozialer Sicherheit (Existenzminimum).
Zu den Sozialleistungen des Staates gehören die Sozialversicherungen, Bürgergeld, Sozialhilfe für Bedürftige, Arbeits- und Ausbildungsförderung, Kindergeld, Wohngeld u.s.w. (vgl. auch Kapitel 4).

10.2 Politische Willensbildung

Die politische Willensbildung vollzieht sich in einem ständigen Wechselspiel zwischen Parteien, Verbänden (z.B. Gewerkschaften) und Interessengruppen (z.B. Bürgerinitiative gegen einen Flughafenausbau). Parteien streben Regierungsverantwortung an, Verbände und Interessengruppen wollen in ihrem Sinne die Gesetzgebung beeinflussen. Außerdem gibt es vielfältige andere Einflussfaktoren wie Vorgaben der Europäischen Union, Massenmedien oder öffentliche Demonstrationen.

Die Politik in Deutschland wird vor allem durch die großen **Parteien** gestaltet. Dazu zählen:

- die Sozialdemokratische Partei Deutschlands (SPD)
- die Christlich Demokratische Union (CDU) und ihre bayerische Schwesterpartei,
- die Christlich-Soziale Union (CSU)
- Bündnis 90/Die Grünen (Bündnis 90/Grüne)
- die Freie Demokratische Partei (FDP)
- die Alternative für Deutschland (AfD)
- DIE LINKE

Als „Sprachrohr des Volkes" stellen die Parteien ein Bindeglied zwischen Bevölkerung und Regierung dar. Je mehr Bürger sich aktiv am politischen Willensbildungsprozess beteiligen, um so besser „funktioniert" unsere Demokratie.

So solltest du auch dein persönliches Wahlrecht nutzen – **bei Wahlen der Gemeinderäte, der Kreistage, der Landesparlamente, des Bundestages oder des europäischen Parlamentes.**
Man unterscheidet:

- **das aktive Wahlrecht** – das Recht zu wählen und
- **das passive Wahlrecht** – das Recht, gewählt zu werden.

10.3 Staatsorgane im Überblick

Staatsorgan	Bedeutung	Hauptaufgaben und Rechte
Bundestag	Volksvertretung der Bundesrepublik	▪ Gesetzgebung, ▪ Wahl (und Abwahl) des Bundeskanzlers ▪ Mitwirkung bei der Wahl des Bundespräsidenten ▪ Verabschiedung des Bundeshaushalts ▪ Kontrolle der Regierung ▪ Mitwirkung bei der Wahl der Richter des Bundesverfassungsgerichtes
Bundesrat	Vertretung der Bundesländer	▪ Mitwirkung bei der Gesetzgebung, der Verwaltung und Wahl der Richter des Bundesverfassungsgerichtes
Bundespräsident(in)	Staatsoberhaupt	▪ Völkerrechtliche Vertretung der Bundesrepublik Deutschland ▪ Vorschlag, Ernennung, Entlassung des Bundeskanzlers und der Bundesminister ▪ Ausfertigung und Verkündigung der Gesetze ▪ unter bestimmten Bedingungen Auflösung des Bundestages
Bundesregierung: Kanzler(in)	Leitung der Bundesregierung	▪ bestimmt die Richtlinien der Politik ▪ schlägt Minister zur Ernennung oder Entlassung dem Bundespräsidenten vor
Bundesminister (innen)	Leitung eines Ministeriums	▪ jeder Minister führt innerhalb der Richtlinien seinen Bereich selbstständig
Bundesverfassungsgericht	selbstständiges und unabhängiges höchstes Gericht in Deutschland	Es entscheidet über ▪ die Verfassungsmäßigkeit von Gesetzen ▪ die Verfassungswidrigkeit von Parteien ▪ Streitigkeiten zwischen den Staatsorganen ▪ Verfassungsbeschwerden von jedermann wegen Verletzung der Grundrechte.

Zu den Staatsorganen gehört weiterhin auch die Bundesversammlung, welche den Bundespräsidenten wählt.

10.4 Wahl / Bildung der Staatsorgane

Alle vier Jahre wird der **Bundestag** gewählt. Wahlberechtigt sind alle Deutschen, die am Wahltag das 18. Lebensjahr vollendet haben und seit mindestens 3 Monaten ihren gewöhnlichen Aufenthalt im Wahlgebiet haben (§ 12 Bundeswahlgesetz). Jeder Wähler hat zwei **Stimmen**:

- **Erststimme für die Wahl eines Wahlkreisabgeordneten, des Direktkandidaten**
  Der Kandidat, der im Wahlkreis die meisten Erststimmen erhält, gewinnt und wird in der Regel Bundestagsabgeordneter (sog. Mehrheitswahl).
- **Zweitstimme für die Landesliste einer Partei**
  Hier wählst du eine Partei und keinen bestimmten Kandidaten. Die Zweitstimme ist wahlentscheidend. Der Anteil der Parteien an den Zweitstimmen entscheidet, wie viele Abgeordnete eine Partei insgesamt in den Bundestag entsenden kann (sog. Verhältniswahl).

In der Vergangenheit hatte der Bundestag häufig deutlich mehr als die vorgesehenen 598 Mitglieder, weil Parteien mehr Wahlkreissieger und damit mehr Abgeordnete stellten, als ihr nach ihrem Zweitstimmen-Ergebnis zustanden (Überhangmandate). Um das Zweitstimmen-Ergebnis wieder herzustellen, mussten die Überhangmandate durch Ausgleichsmandate für die anderen Parteien ergänzt werden. Die Wahlrechtsreform von 2023 (siehe Schaubild) soll dies ändern.

Ist der Bundestag gewählt, dann wählt dieser wiederum, auf Vorschlag des Bundespräsidenten den **Bundeskanzler**. Dies ist keine Überraschung mehr, da die Parteien schon vor der Wahl ihre Kandidaten bekannt geben.
Falls eine Partei die **absolute Mehrheit (über 50% der Parlamentssitze)** bekommen hat, kann sie allein den Kanzler bestimmen. Meistens erreicht keine Partei die absolute Mehrheit.
Um dennoch eine regierungsfähige Mehrheit zu erreichen, schließen sich nach entsprechenden Verhandlungen zwei oder mehrere Parteien für eine Wahlperiode zusammen und bilden eine **Koalition**.

Der Bundeskanzler wählt die Bundesminister aus, mit denen er die Bundesregierung bildet.
Vor der Arbeitsaufnahme müssen die Regierungsmitglieder vom Bundespräsidenten ernannt werden.

Alle Abgeordneten des Bundestages und eine gleiche Anzahl von Landesvertretern bilden die **Bundesversammlung**, die alle 5 Jahre den **Bundespräsidenten** wählt.
Hauptaufgabe des Bundestages ist die Gesetzgebung, ein kompliziertes Verfahren.
An diesem Gesetzgebungsverfahren wirkt auch der **Bundesrat**, eine Vertretung der einzelnen Bundesländer, mit. Seine Mitglieder werden nicht gewählt, sondern von den jeweiligen Landesregierungen entsandt. Ihre Zahl hängt wiederum von der Einwohnerzahl des Bundeslandes (maximal 6 Stimmen pro Land) ab. Die Stimmen eines Bundeslandes werden im Bundesrat nur einheitlich abgegeben. Alle Gesetze, welche die Interessen der einzelnen Bundesländer berühren, können ohne Zustimmung des Bundesrates nicht in Kraft treten (sogenannte zustimmungspflichtige Gesetze).

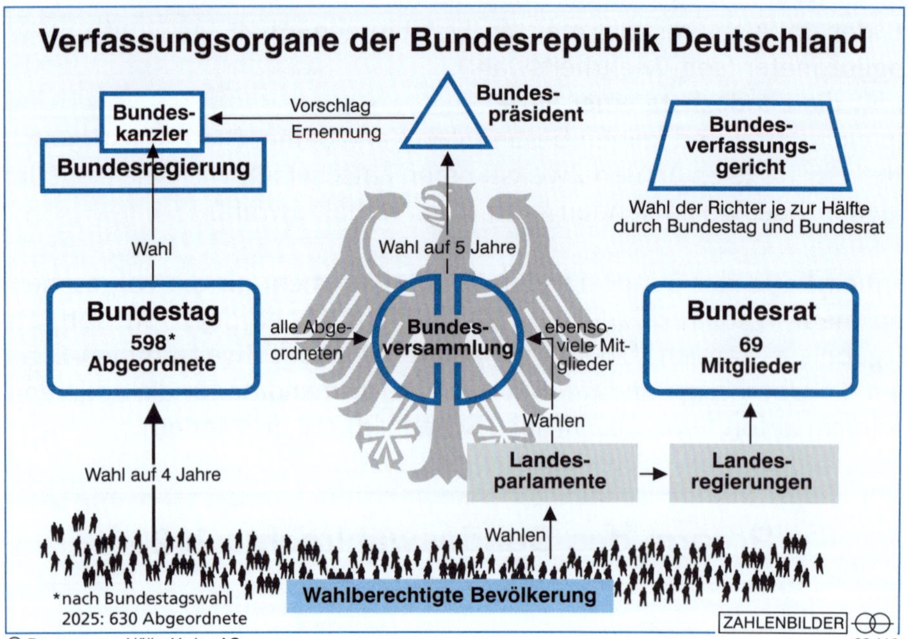

10.5 Die Gewaltenteilung

In der Bundesrepublik Deutschland gilt das Prinzip der Gewaltenteilung, ein **Grundprinzip demokratischer Staaten**. Es soll verhindern, dass Einzelpersonen, Gruppen oder Parteien zu viel Macht haben und diese missbrauchen können. Nach dem Zweiten Weltkrieg wollte man auch aufgrund der eigenen leidvollen Erfahrungen die Möglichkeit einer erneuten Gewaltherrschaft für alle Zeiten ausschließen.
Das Grundgesetz schreibt die **Dreiteilung der Staatsgewalt** vor:

a) **Exekutive = ausführende Gewalt**
   – Bundespräsident – Bundesregierung – Bundesverwaltung
b) **Legislative = gesetzgebende Gewalt**
   – Bundestag – Bundesrat
c) **Judikative = Rechtsprechende Gewalt**
   – Bundesverfassungsgericht – Bundesgerichte

Horizontale Gewaltenteilung betrifft immer die gleiche Ebene (z.B. Bundesebene, wie oben).
Bei der **vertikalen Gewaltenteilung** ist die Staatsgewalt auf verschiedene Ebenen aufgeteilt (z.B. Bundesregierung, Länderregierungen, Kreisverwaltungen).
Die drei Teile der Staatsgewalt sollen unabhängig voneinander sich gegenseitig kontrollieren. Ist ein Gesetz beschlossen worden, so wird es von der Regierung und nachgeordneten Verwaltungen umgesetzt. Gerichte prüfen, ob das Gesetz der Verfassung entspricht und richtig angewendet wird.

Neben der Gewaltenteilung wird die staatliche Macht v.a. durch die Massenmedien und andere Einflussfaktoren (10.2) kontrolliert.

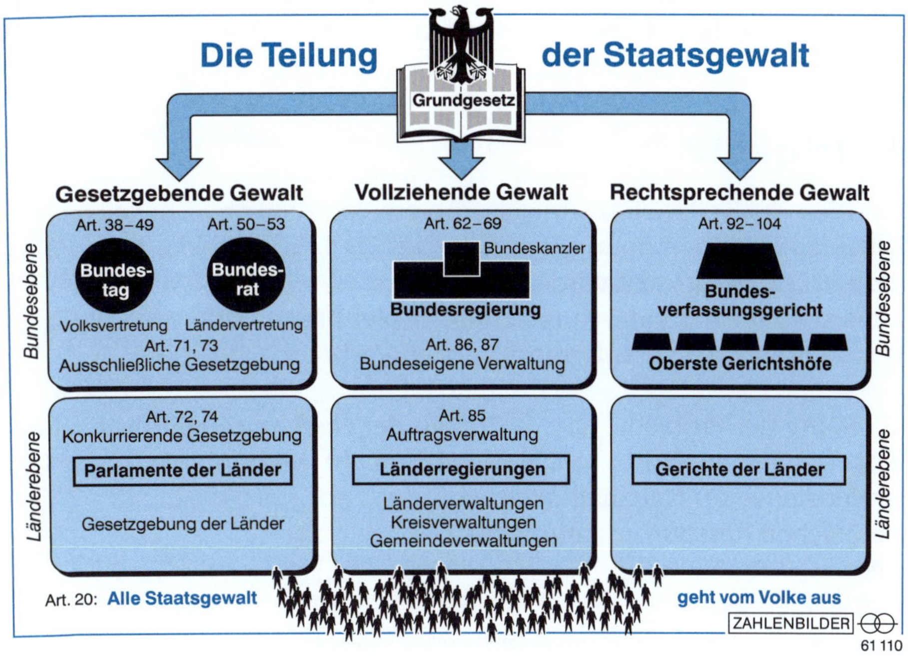

10.6 Der bundesstaatliche Aufbau

Die Bundesrepublik Deutschland ist ein Zusammenschluss von 16 Gliedstaaten (Bundesländern) zu einem Gesamtstaat. Diese Form der Organisation eines Staates nennt man auch **Föderalismus**.
Alle Bundesländer haben eine eigene Landesverfassung, Gerichte, Landesparlamente und Landesregierungen. Der Regierungssitz ist jeweils die Landeshauptstadt (z.B. für Thüringen: Erfurt).
Die Wahl von Länderparlamenten / Regierungen verläuft ähnlich wie auf der Bundesebene. Die Länder regeln viele Aufgaben selbstständig. Dazu gehören: Kultur- und Bildungspolitik, Verwaltung, Finanzen oder Landesplanung. Für die Bereiche Außenpolitik, Außenhandel, Zollwesen, Währung und Verteidigung ist ausschließlich der Bund zuständig. Dabei sind natürlich auch die internationalen Verpflichtungen (z.B. im Rahmen der Europäischen Union) einzuhalten.
Bei aller Aufgabenverteilung gilt grundsätzlich: Bundesrecht gilt vor Länderrecht.

AUFGABEN

- *Was bedeutet parlamentarische Demokratie?*
- *Was versteht man unter dem Grundgesetz?*
- *Erkläre, warum Deutschland ein Rechts- und Sozialstaat ist.*
- *Wer beteiligt sich an der politischen Willensbildung?*
- *Wie verläuft die Wahl des Bundestages?*
- *Wie wird die Bundesregierung gebildet?*
- *Erläutere die Dreiteilung der Staatsgewalt.*
- *Warum ist die Bundesrepublik Deutschland ein föderalistischer Staat?*
- *Nenne die Staatsorgane und jeweils ausgewählte Aufgaben.*

11 Neue Prüfungsthemen in Kürze

Der Katalog möglicher Themen für die WISO-Prüfung wird regelmäßig dem Zeitgeschehen angepasst. Zuletzt hielten **Nachhaltigkeit** und **Digitalisierung** Einzug. Auch wenn diese Themen selten im Zentrum der Prüfung stehen dürften, solltest Du die Begriffe einordnen können.

11.1 Nachhaltigkeit

Seit Jahrzehnten werden die weltweiten Umweltprobleme auffälliger. Kennzeichnend sind:
- der globale **Klimawandel** – Erwärmung aufgrund des Treibhauseffekts, der u. a. durch Emissionen von Kohlendioxid (CO2) verursacht wird
- die globale Luftverschmutzung – durch Nutzung fossiler Brennstoffe wie Öl, Gas und Kohle
- die Rohstoffknappheit – durch verantwortungslosen Verbrauch.

Ein Ansatz für die Lösung der Probleme ist das **Prinzip der Nachhaltigkeit**: Es darf nur so viel an Ressourcen (= an Beständen lebenswichtiger Dinge) verbraucht werden, wie in der Natur nachwächst. Daraus folgen vier Prinzipien der Nachhaltigkeit:
- Nutzung der natürlichen Ressourcen begrenzen
- Abfall minimieren
- natürliche Landfläche erhalten
- für hochwertige und humane Arbeitsumgebungen sorgen.

Folgen Wirtschaft und Gesellschaft diesem Prinzip, dann dürfen keine fossilen Energieträger verbraucht werden und Abfall bei der Produktion von Gütern und im privaten Konsum muss vermieden werden. Lieferketten müssen überdacht, Produktionsschritte erneuert und neue, zukunftsfähige Verfahren und Produkte entwickelt werden. Ziel bei der zukünftigen Energieversorgung ist der **Ausbau der erneuerbaren Energien** wie Windkraft und Photovoltaik und der weltweite **Verzicht auf nukleare und fossile Brennstoffe.**

11.2 Digitalisierung

Einen großen Einfluss auf die Abläufe in der Wirtschaft und ihre Steuerung zum Wohl der Umwelt hat die **Digitalisierung**. Die Weltwirtschaft ist nicht nur global durch Produktionsverlagerungen und Warenströme vernetzt (= Globalisierung, siehe S. 31 f.), sie wird auch zunehmend durch autonom ablaufende digitale Prozesse gesteuert, die teils bereits auf **künstlicher Intelligenz (KI)** beruhen. Das führt zu einer zunehmenden Abhängigkeit:
- von Entscheidungen, die eine Software ohne Einwirkung des Menschen vornimmt
- von digitalen Netzen, die nicht nur die Abläufe in Unternehmen, sondern auch die der Infrastruktur steuern.

Während diese Prozesse einerseits große wirtschaftliche Vorteile bringen, sind sie andererseits störungsanfällig und können bei ihrem Ausfall ganze Volkswirtschaften lahmlegen. Auch ist es schwer, sie vor Hackerangriffen oder Falschinformationen **(Fakenews)** zu schützen.

Der **digitale Wandel** führt zu immer mehr Verbindung von Daten und Prozessen in Unternehmen und Wirtschaft. Jeder Mensch wird dabei zum Wirtschaftssubjekt und produziert Daten, die seiner Kontrolle weitgehend entzogen sind. Die Herausforderung besteht darin, Daten für die jeweiligen Aufgaben an der richtigen Stelle zu nutzen: beim Einkauf im Supermarkt, der Online-Bestellung oder der Steuerung der Produktion bei einem Automobilhersteller. Die Digitalisierung, auch **„vierte industrielle Revolution"** genannt, dürfte sich auf das Leben stärker auswirken als alle vorangegangenen Umbrüche in der Wirtschaft.

Musterprüfungssatz

Die Berufsabschlussprüfungen bzw. Gesellenprüfungen werden von den Prüfungsausschüssen bei den Kammern (zuständige Stellen) abgenommen. Handwerkskammern können damit auch die jeweiligen Innungen beauftragen. In der Praxis haben sich verschiedene Formen der Prüfung in Wirtschafts- und Sozialkunde für gewerbliche Berufe herausgebildet.

Möglich sind z.B.:

1) Für 60 Minuten
50 programmierte Aufgaben (mit vier vorgegebenen Auswahlantworten):
Alle 50 Aufgaben müssen gelöst werden.

2) Für 45 Minuten
Anhand von **Fallbeschreibungen** muss eine unterschiedliche Zahl von programmierten und ungebundenen Aufgaben gelöst werden. Dazu sind Auszüge von **Gesetzestexten** zu verarbeiten, die in der Prüfung als Anlage zur Verfügung gestellt werden.

3) Für 45 Minuten
- 30 programmierte Aufgaben (mit fünf vorgegebenen Auswahlantworten):
  Von den 30 Aufgaben **müssen** 5 Aufgaben **abgewählt** werden.
- 6 ungebundene Aufgaben (davon **müssen** 2 Aufgaben **abgewählt** werden):
  Die Antwort erfolgt mit eigenen Stichpunkten.

Für Übungszwecke wird hier ein Musterprüfungssatz dieser Art mit Lösungen (S. 63) dargestellt.
Generell gilt, dass programmierte Aufgaben nur eine richtige Lösung haben (ansonsten müssen zwei richtige Lösungen bereits in der Aufgabenstellung erkennbar sein). Das Thema „Politisches System in Deutschland“ (auch Europäische Union) wird nicht in den Prüfungen erfasst. Auf jeden Fall solltest Du aber immer über aktuelle (wirtschafts-) politische Entwicklungen informiert sein.

Achtung: In den Prüfungen werden die Fragen immer häufiger in „Fallsituationen“ eingebunden. Dies wurde im Folgenden aus Platzgründen vermieden. Schwierigkeitsgrad der Aufgaben und Inhalte ändern sich dadurch nicht grundlegend.

Musterprüfungssatz für 45 Minuten

A. Programmierte Fragen: Wähle 25 Aufgaben aus und kreuze die richtige Lösung an!

1) Wo erfolgt die duale Berufsausbildung?
a) In der Berufsschule und im Ausbildungsbetrieb
b) In der Berufsschule
c) In der Berufsfachschule
d) In zwei verschiedenen Schulen
e) In zwei verschiedenen Betrieben

2) Wie kann ein Arbeitnehmer seine berufliche Mobilität am besten sichern?
a) Eintritt in einen Sportverein
b) Teilnahme an einem Sprachkurs der Volkshochschule
c) Abschluss eines langfristigen Sparvertrages
d) Ständige Fortbildung, um sich auf neue Anforderungen im Beruf einstellen zu können
e) Beitritt zu einer Gewerkschaft

3) Wann entsteht ein Bedarf?
a) Wenn man bestimmte Bedürfnisse, aber nicht ausreichend Geld dafür hat.
b) Wenn man ausreichend Geld, aber keine Bedürfnisse hat.
c) Wenn man bestimmte Bedürfnisse und ausreichend Geld dafür hat.
d) Wenn man weder Geld noch bestimmte Bedürfnisse hat.
e) Wenn man langfristig für die Befriedigung eines Luxusbedürfnisses spart.

4) In welchem Fall handelt es sich um ein Monopol?
a) Am Markt gibt es nur einen Anbieter.
b) Am Markt gibt es wenige Anbieter.
c) Am Markt gibt es wenige Nachfrager.
d) Am Markt gibt es viele Nachfrager.
e) Am Markt gibt es viele Anbieter und viele Nachfrager.

5) Je nach Art der Produktion unterscheidet man drei Sektoren (Produktionsformen). Welche Zuordnung ist falsch?
a) Fischerei – Primärer Sektor (Urproduktion)
b) Bäckerei – Sekundärer Sektor
c) Gastronomie – Primärer Sektor (Urproduktion)
d) Versicherung – Tertiärer Sektor
e) Supermarkt – Tertiärer Sektor

6) Welche Zusammenstellung benennt die drei maßgeblichen Aufgaben eines Betriebes?
a) Marktforschung/ Kalkulation/ Jahresplanung
b) Forschung/ Entwicklung/ Herstellung
c) Beschaffung (Einkauf)/ Produktion/ Verkauf (Absatz)
d) Einkauf/ Werbung/ Verkauf
e) Jahresplanung/ Wareneingangskontrolle/ Serienfertigung

7) Zu den Kapitalgesellschaften gehört ...
a) ein Einzelunternehmen
b) eine Kommanditgesellschaft
c) eine Aktiengesellschaft
d) eine Gesellschaft bürgerlichen Rechts
e) eine offene Handelsgesellschaft

8) Andreas möchte sich an der Gründung einer GmbH beteiligen. Welche Aussage ist richtig?
a) Für eine GmbH ist **kein** Gründungskapital vorgeschrieben.
b) Andreas muss selbst mindestens 50.000 Euro zur Gründung beisteuern.
c) Im Fall einer Insolvenz haften die Gesellschafter nur mit dem Stammkapital der GmbH, aber nicht mit ihrem Privatvermögen.
d) Die Organe einer GmbH heißen Vorstand, Aufsichtsrat und Hauptversammlung.
e) Eine GmbH kann Aktien herausgeben, die an einer Börse frei gehandelt werden.

9) Welche Organisationen vertreten im Arbeitsleben vorrangig die Interessen der Arbeitnehmer?
a) Berufsgenossenschaften
b) Parteien
c) Gewerkschaften
d) Landesinnungsverbände
e) Gewerbeaufsichtsämter

10) Welche Forderung wird ein Arbeitgeberverband nicht vertreten?
a) Senkung der Unternehmensbesteuerung
b) Erhöhung der Wochenarbeitszeit bei Bedarf
c) Beschränkung des Kündigungsschutzes
d) Einführung eines einheitlichen Urlaubsgeldes für die betroffenen Arbeitnehmer
e) Staatliche Unterstützung für Unternehmensgründer

11) Welche Aussage über die Mitgliedschaft in einem Arbeitgeberverband ist richtig?
a) Jeder Unternehmer muss einem Arbeitgeberverband beitreten.
b) Die Mitgliedschaft im Arbeitgeberverband verpflichtet zur Einhaltung jeweils geltender Tarifverträge.
c) Es gibt nur einen einzigen Arbeitgeberverband in Deutschland.
d) Jeder Unternehmer muss einer Gewerkschaft beitreten.
e) Für den Eintritt in einen Arbeitgeberverband muss eine polizeiliche Erlaubnis vorliegen.

12) Welche Pflicht entsteht einem Arbeitnehmer aus seinem Arbeitsvertrag?
a) Beschäftigungspflicht
b) Abführung der Sozialversicherungsbeiträge
c) Fürsorgepflicht
d) Treuepflicht
e) Lohnzahlungspflicht

13) Ein Arbeitsvertrag ...
a) muss sofort schriftlich abgeschlossen werden.
b) darf nicht befristet sein.
c) ist erst bei der Arbeitsaufnahme durch den Arbeitnehmer gültig.
d) kann Vorteile gegenüber den gesetzlichen Bestimmungen aufweisen.
e) beinhaltet immer eine Probezeit von mindestens 36 Monaten.

14) Besonderen Kündigungsschutz haben ...
a) alle Arbeitnehmer nach 6-monatiger Betriebszugehörigkeit.
b) weibliche Arbeitnehmer unter 21 Jahren.
c) ausländische Arbeitnehmer.
d) Schwerbehinderte.
e) Angestellte im öffentlichen Dienst.

15) Welche Aussage zum Arbeitszeitgesetz ist richtig?
a) Das Arbeitszeitgesetz gilt für Jugendliche unter 18 Jahren.
b) Arbeitszeit ist die Zeit von Arbeitsbeginn bis Arbeitsende mit Ruhepausen.
c) Die regelmäßige werktägliche Arbeitszeit beträgt 9 Stunden.
d) Die Arbeitszeit kann auf bis zu 10 Stunden am Tag verlängert werden.
e) Der Arbeitgeber kann allein die tägliche Arbeitszeit bestimmen.

16) Was ist ein Tarifvertrag?
a) Eine staatlich festgelegte Vereinbarung über zu erbringende Leistungen der Arbeitgeber.
b) Ein rechtsverbindlicher Vertrag zwischen einer Einzelgewerkschaft und einem Arbeitgeberverband bzw. einem Arbeitgeber.
c) Ein rechtsverbindlicher Vertrag zwischen einem Betriebsrat und dem jeweiligen Arbeitgeber.
d) Eine Vereinbarung zwischen einer Gewerkschaft und dem Bundesarbeitsministerium.
e) Ein rechtsverbindlicher Vertrag zwischen einem Arbeitgeber und einer Sozialversicherung.

17) Was versteht man unter Tarifautonomie?

a) Das Recht der Arbeitnehmer, mit dem zuständigen Bundesministerium in jährlicher Folge neue Löhne auszuhandeln.
b) Das Recht der Sozialpartner, selbstständig verbindliche Vereinbarungen über Löhne und Arbeitsbedingungen auszuhandeln.
c) Das Recht jedes Arbeitnehmers, mit seinem Arbeitgeber die Lohn- bzw. Gehaltshöhe festzulegen.
d) Das Recht der Arbeitnehmer, sich zur Wahrung ihrer Interessen zu Gewerkschaften zusammenzuschließen.
e) Das Recht der Sozialpartner, die betriebliche Mitbestimmung festzulegen.

18) Dana und ihre Kollegen arbeiten in einem Dienstleistungsbetrieb. Die Gewerkschaft „ver.di" hat zur Teilnahme an einem Streik für Lohnerhöhungen aufgerufen. Unter welcher Voraussetzung ist der Streik rechtlich zulässig?

a) Die Gewerkschaft ruft nach gescheiterten Tarifverhandlungen sofort zu einem Streik auf.
b) Die Gewerkschaft ruft zum Streik auf, nachdem die Tarifverhandlungen und das Schlichtungsverfahren gescheitert sind. In der Urabstimmung haben sich über 75% der betroffenen Gewerkschaftsmitglieder für den Streik ausgesprochen.
c) Weil die Preise im Durchschnitt steigen, ruft die Gewerkschaft während der Laufzeit des gültigen Tarifvertrages zum Streik auf.
d) Die Gewerkschaft will für eine Lohnerhöhung und einen Regierungswechsel streiken.
e) Die Gewerkschaft ruft alle Arbeitnehmer in Deutschland zu einem Generalstreik auf.

19) Wie darf ein Arbeitgeber auf einen zulässigen Streik reagieren?

a) Fristlose Kündigung der streikenden Arbeitnehmer.
b) Fristlose Kündigung aller Arbeitnehmer des bestreikten Betriebes.
c) Ordentliche Kündigung der streikenden Arbeitnehmer.
d) Befristete Aussperrung aller Arbeitnehmer des Betriebes während des Streiks.
e) Unbefristete Lohnkürzung für die streikenden Arbeitnehmer.

20) In welchem Gesetz sind die Rechte und Aufgaben des Betriebsrates geregelt?

a) Arbeitszeitgesetz
b) Nachweisgesetz
c) Tarifvertragsgesetz
d) Grundgesetz
e) Betriebsverfassungsgesetz

21) In welchen Betrieben gibt es für Arbeitnehmer keine Mitbestimmungsmöglichkeit?

a) in Betrieben des Handwerks
b) in Betrieben der Industrie
c) in Aktiengesellschaften mit mehr als 2.000 Beschäftigten
d) in Betrieben ohne Betriebs- bzw. Aufsichtsräte
e) in Betrieben ohne Gewerkschaftsmitglieder

22) Ein Kandidat für die Wahl in den Betriebsrat muss ...

a) das 18. Lebensjahr vollendet haben und mindestens sechs Monate dem Betrieb angehören.
b) dem Betrieb mindestens zwei Jahre angehören.
c) einer politischen Partei angehören.
d) Gewerkschaftsmitglied sein.
e) ein polizeiliches Führungszeugnis haben.

23) Was gehört nicht zu den Mitbestimmungsrechten oder Aufgaben des Betriebsrates?
a) Die Preise der Erzeugnisse zu bestimmen.
b) Die Eingliederung ausländischer Arbeitnehmer und Schwerbehinderter zu fördern.
c) Über den Urlaubsplan mit zu bestimmen.
d) Unfallverhütungsmaßnahmen zu überwachen.
e) Über die Einhaltung der Tarifverträge zu wachen.

24) Wer darf nicht in eine Jugend- und Auszubildendenvertretung (JAV) gewählt werden?
a) Arbeitnehmerin, 25 Jahre alt
b) Auszubildender, 27 Jahre alt
c) Auszubildende, 17 Jahre alt
d) Arbeitnehmer, 18 Jahre alt
e) Arbeitnehmerin, 20 Jahre alt

25) Welche Aussage zur gesetzlichen Sozialversicherung ist richtig?
a) Die Sozialversicherung sichert Arbeitnehmer gegen Obdachlosigkeit und Arbeitslosigkeit ab.
b) Die Sozialversicherung sichert Unternehmen gegen drohende Insolvenz ab.
c) Die Sozialversicherung ist Bestandteil der staatlichen Sozialpolitik.
d) Die Sozialversicherung verhindert Armut im Alter.
e) Die Sozialversicherung ist in der Regel eine freiwillige Versicherung.

26) Arbeitslosengeld kann beziehen ...
a) jeder Arbeitslose.
b) jeder bedürftige Arbeitslose.
c) jeder Arbeitslose, der kein Bürgergeld bekommt.
d) jeder Arbeitslose, der während einer bestimmten Zeit vor seiner Arbeitslosigkeit mindestens 12 Monate sozialversicherungspflichtig gearbeitet hat und der Arbeitsvermittlung zur Verfügung steht.
e) jeder Arbeitslose, der mindestens 30 Jahre alt ist.

27) Zu welcher gesetzlichen Sozialversicherung muss der Arbeitgeber allein den Beitrag bezahlen?
a) Gesetzliche Krankenversicherung
b) Gesetzliche Rentenversicherung
c) Gesetzliche Unfallversicherung
d) Gesetzliche Arbeitslosenversicherung
e) Gesetzliche Pflegeversicherung

28) Eine falsche Zuordnung von einer Sozialversicherung und ihrem Träger ist ...
a) Gesetzliche Unfallversicherung – Berufsgenossenschaft
b) Arbeitslosenversicherung – Bundesagentur für Arbeit
c) Gesetzliche Pflegeversicherung – Berufsgenossenschaft
d) Gesetzliche Rentenversicherung – Deutsche Rentenversicherung
e) Gesetzliche Krankenversicherung – Krankenkassen

29) In welchem Fall erbringt die Gesetzliche Unfallversicherung keine Leistung?
a) Der Azubi Michael verunglückt auf dem Weg von einer Diskothek zum elterlichen Haus.
b) Die Auszubildende Irina wird auf dem Weg zum Ausbildungsbetrieb angefahren.
c) Ein Bergmann bekommt berufsbedingt eine Staublunge.
d) Ein Arbeitnehmer wird nach einem Arbeitsunfall in eine Rehabilitationsklinik aufgenommen.
e) Ein Arbeitnehmer nimmt täglich eine Kollegin in seinem Auto zur Arbeitsstelle mit. Dabei muss er einen Umweg fahren und wird bei einem Unfall verletzt.

30) Ein Arbeitnehmer möchte Klage wegen zu geringem Krankengeld erheben. Welches Gericht ist zuständig?

a) Landgericht
b) Finanzgericht
c) Sozialgericht
d) Arbeitsgericht
e) Bundesverfassungsgericht

B. Ungebundene Fragen

Beantworte vier ausgewählte Fragen in Stichpunkten!

1. Nenne alle Möglichkeiten, die zur Beendigung eines Ausbildungsverhältnisses führen.
2. a) Welche drei betrieblichen Kenngrößen werden zur Messung des Unternehmenserfolges berechnet?
   b) Gib dazu die jeweilige Formel zur Berechnung an.
3. Nenne drei zulässige Kündigungsgründe mit je einem Beispiel, die für eine ordentliche Kündigung zutreffen.
4. a) Welche Aufgaben hat eine Jugend- und Auszubildendenvertretung (JAV)? (2 Angaben)
   b) Gib bezüglich der JAV die Bedingungen für das aktive und passive Wahlrecht an.
5. a) Was versteht man in der gesetzlichen Rentenversicherung unter dem Begriff „Generationenvertrag“?
   b) Nenne zwei Gründe dafür, dass die Erfüllung dieses Vertrages zunehmende Probleme bereitet.
6. a) Erkläre den Begriff „Zwangsvollstreckung“.
   b) Wie kann sich ein Schuldner bei einem Vollstreckungsbescheid verhalten? (drei Möglichkeiten)

Lösungen des Musterprüfungssatzes

A) Programmierte Fragen

1a	11b	21d
2d	12d	22a
3c	13d	23a
4a	14d	24a
5c	15d	25c
6c	16b	26d
7c	17b	27c
8c	18b	28c
9c	19d	29a
10d	20e	30c

B) Ungebundene Fragen

zu 1.

- Beendigung mit Vertragsende
- Bestehen des letzten Prüfungsabschnitts, wenn der Prüfungstermin vor dem Vertragsende liegt
- durch schriftliche Kündigung während der Probezeit: von beiden Seiten fristlos ohne Angaben von Gründen
- durch schriftliche Kündigung nach der Probezeit:
  - vom Azubi mit Kündigungsfrist von vier Wochen bei Aufgabe bzw. Wechsel der Berufsausbildung oder fristlos bei wichtigem Grund
  - vom Ausbildenden fristlos bei wichtigem Grund oder wegen vertragswidrigem Verhalten, im Regelfall nach vorheriger Abmahnung
- schriftlicher Aufhebungsvertrag im beiderseitigen Einvernehmen nach der Probezeit.

zu 2.

- $\text{Produktivität} = \dfrac{\text{Arbeitsergebnis}}{\text{eingesetzte Mittel}}$
- $\text{Wirtschaftlichkeit} = \dfrac{\text{Ertrag in Euro}}{\text{Aufwand in Euro}}$
- $\text{Rentabilität} = \dfrac{\text{Gewinn in Euro x 100\%}}{\text{eingesetztes Kapital in Euro}}$

zu 3.

- Person des Arbeitnehmers – z.B. fehlende Eignung
- Verhalten des Arbeitnehmers – z.B. häufige Unpünktlichkeit
- betriebliche Erfordernisse – z.B. Auftragsmangel

zu 4.

a)
- Vertretung der Interessen von Jugendlichen und Auszubildenden im Betriebsrat
- Überwachung der Einhaltung aller Schutzbestimmungen für o.g. Personenkreis
- Weitergabe von Anregungen und Beschwerden des o.g. Personenkreises an den Betriebsrat

b)
- aktives Wahlrecht: Wahlberechtigt sind alle jugendlichen Arbeitnehmer unter 18 Jahren und alle Azubis ohne Altersbeschränkung
- passives Wahlrecht: Wählbar sind alle Arbeitnehmer, die das 25. Lebensjahr noch nicht vollendet haben, und alle Azubis ohne Altersbeschränkung

zu 5.

a) Die arbeitende Generation bezahlt mit ihren Beiträgen die Rente der jeweiligen Rentnergeneration.

b) Probleme:
- abnehmende Zahl der Arbeitnehmer (z.B. durch niedrige Geburtenrate/hohe Arbeitslosenzahl)
- zunehmende Zahl der Rentner
- höhere Lebenserwartung

zu 6.

a) Der Gerichtsvollzieher pfändet bestimmte Vermögensteile eines Schuldners, um eine Geldforderung zwangsweise einzutreiben. Die gepfändeten Gegenstände, auch Häuser und Grundstücke, werden zu diesem Zweck versteigert.

b) Der Schuldner kann zahlen, dann ist das Verfahren beendet. Der Schuldner kann Einspruch erheben, dann erfolgt eine Gerichtsverhandlung. Der Schuldner reagiert nicht, dann kann der Gläubiger die Zwangsvollstreckung durchführen lassen.

Stichwortverzeichnis

A

B

D

E

F

G

H

I

J

K

L

M

N

O

P

R

S

T

U

V

W

Z